Miriam Kleyer & Karsten Spaderna

Einfach meditieren

Inhalt

Die Gegenwart genießen

Wie fängt man eigentlich am besten an zu meditieren? Was ist Meditation überhaupt und wie kann sie uns im Alltag helfen? Wann meditiere ich am besten und was brauche ich dazu? Wir hatten die Idee zu diesem Buch vor zwei Jahren, einfach um allen Menschen, die anfangen wollen zu meditieren, den Einstieg zu erleichtern. Denn allein das Wort „Meditation" klingt schon so abstrakt. Dabei ist es doch eigentlich ganz einfach! Wir haben uns zunächst hingesetzt und Ideen zu diesem Buch aufgeschrieben. Dabei stellten wir schnell fest: eigentlich macht es Sinn, wenn wir Menschen dazu befragen, was sie gern wissen möchten, damit wir wirklich auf die Fragen eingehen können, die sich die meisten Meditierenden stellen — oder Menschen, die einfach mal mit Meditation anfangen wollen. Daraus entstand ein wöchentlicher „Buchtalk" auf Zoom, bei dem alle Teilnehmer die Möglichkeit hatten, Fragen zu stellen. Diese Fragen haben wir dann aufgegriffen und so ist dieses Buch ein Gespräch geworden, aus dem Du als Leser hoffentlich ganz viel mitnehmen kannst. Und wenn Du magst, fang am besten gleich an! Wir wünschen Dir ganz viel Freude beim Lesen und Meditieren und vielleicht die eine oder andere Erkenntnis.

– KAPITEL 1 –
KARSTEN SPADERNA

Meditation verändert

Irgendwie ahnen wir, dass es bei Meditation um eine Art von Veränderung geht. Dem Frühling scheint diese Veränderung jedes Jahr völlig mühelos von Neuem zu gelingen. Sind es nicht auch die Yogis, unsere Heiligen und eine Vielzahl von Meditierenden, die darüber gesprochen haben, dass Meditation ihr Leben verändert hat? Aber was ist es wirklich, was sie verändert hat? Es gibt Menschen, die bereits ein Leben lang meditieren. Jeden Morgen setzen sie sich hin und praktizieren ihre Meditationstechnik, gleich aus welcher Tradition sie kommen mag. Mittlerweile gibt es auch jede Menge Studien, die belegen, dass Meditation das Wohlbefinden und die Gesundheit fördert. Doch welche Meditationstechnik ist die richtige für mich? Womit fange ich an? Wie lange muss ich meditieren?

Mit einem neuen Leben assoziieren wir meistens die Geburt eines neuen Menschenlebens. Zwei Menschen entscheiden sich, ihr Leben zu teilen und einer Seele ein neues Leben zu schenken. Bei der Meditation ist es ähnlich. In beiden Fällen gibt es ein Übermaß an etwas, und du bist bereit, neue Wege zu beschreiten.

Beim körperlichen Akt hast du nach 9 Monaten ein sichtbares Ergebnis. Du betrachtest ein Menschenleben, das durch dich entstanden ist. Es liegt vor dir, ganz unschuldig und liebevoll. Und irgendwie schaust du auf etwas, was dir sehr bekannt vorkommt ... Bei der Meditation ist es deine alleinige Entscheidung. Es ist eine Entscheidung von innen heraus. Und du gehst diesen Weg allein. Du hast keine Ahnung, wohin die Reise geht. Und mit ziemlich hoher Wahrscheinlichkeit wird sie auch niemals enden. Meditation hat kein Ziel. Eine völlig neue Dimension öffnet sich dir und sie möchte entdeckt werden. Neue Erfahrungen, unbegrenzte Möglichkeiten, Fähigkeiten, Talente und Wahrnehmungen warten darauf, Bewusstsein zu erlangen. Eine neue Welt eröffnet sich dir.

Stress, Pflichterfüllung, Imagepflege, Angst und viele andere Dinge haben dich bisher davon abgehalten, wirklich wach zu sein. Dich selbst zu betrachten und zu erkennen, dass du der Erschaffer deiner Welt bist. Irgendwo ahnst du es vielleicht, aber du bist dir deiner tiefsten Gedanken und Ängste nicht bewusst. Und so nimmt das Leben seinen Lauf, fliegt im Sauseschritt an dir vorbei und nach etwa 75 Jahren durchschnittlicher Lebenserwartung fragst du dich, wo die Zeit geblieben ist und was du daraus gemacht hast? Ironischerweise weckt gerade der Tod dich erst wirklich auf!

Wenn du über diese Fragen meditierst, wird dir klar werden, dass du dich jeden Tag fragen solltest: „Lebe und genieße ich vollkommen diesen einen Moment? Bin ich absolut bei MIR?" Wenn du diese Fragen in jedem Augenblick mit Ja beantworten kannst, wirst du friedvoll deine letzen Atemzüge in dieser Welt genießen. Es gibt kein Verlangen und keinen Wunsch mehr. Nichts, was du glaubst, verpasst haben zu können, nur Leere und Stille. Du steigst aus dem Kreislauf von Leben und Tod aus. Meditation konfrontiert dich mit dir selbst, deinen Ansichten, deinen Glaubenssätzen und mit der Wahrheit.

Du erkennst die Welt hinter den Gedanken, hinter deinen Vorstellungen und hinter deiner Angst. Du blickst in eine neue Welt, in ein neues Leben!

Egal für welche Meditationstechnik du dich entscheiden magst, wenn dir bewusst wird, dass du bereits in jedem Moment vollkommen bist und du dich immer nur von deinen Gedanken in eine illusionäre Vergangenheit oder Zukunft hast treiben lassen, dann hast du den ersten Schritt in ein neues Leben bereits unternommen. Plötzlich wirst du zum Erkennenden, zum Beobachter, zum Erwachten. Dann gleicht kein Moment mehr dem anderen. Eine neue Dimension deines Seins entfaltet sich. Wie eine zarte Pflanze, wie ein neugeborenes Leben wächst diese neue Dimension in dir heran. Sie braucht jetzt jedoch vor allem Zeit und deine sanfte, urteilsfreie Aufmerksamkeit.

Sei behutsam, achte auf dich und deine Bedürfnisse. Lege müheloses Bemühen an den Tag. Schenke deinen Sinneswahrnehmungen einen großen Teil deiner Achtsamkeit. Atme bewusst jeden Atemzug. Genieße den Frühling und wachse gemeinsam mit den Blumen und Pflanzen. Schau dir die prächtigen Farben an, rieche die süßen Düfte und höre auf den wunderschönen Gesang der Vögel. Genieße dein neues Leben, deinen Frühling!

– KAPITEL 2 –
MIRIAM KLEYER

Wie Meditation mein Leben verändert hat

Ich bin aufgeregt und gleichzeitig sehr dankbar, dass ich dieses Buch schreiben darf. Meditation hat mein Leben schon mehrfach grundlegend verändert. Dieses Geschenk möchte ich an Dich weitergeben. Ich hatte das Glück, zum richtigen Zeitpunkt auf meinen Meditationstrainer Karsten zu treffen, der mir bei unserer ersten Begegnung mit einem Meditationscoaching weitergeholfen hat. Damals zweifelte ich am Sinn meines Lebens und wusste nicht, wie ich eine berufliche Entscheidung treffen sollte, die mich sehr beschäftigte und nachts nicht schlafen ließ. Ich hatte mich zwar erfolgreich selbstständig gemacht, nachdem ich zehn Jahre angestellt gewesen war, jedoch war ich gefühlt wieder an derselben Stelle wie vorher. Ich hatte angefangen, Unternehmen zu beraten, war aber mit deren Ausrichtung nicht einverstanden, weil sie aus meiner Sicht nicht nachhaltig waren und ich mich überhaupt nicht mit deren Firmenphilosophie identifizieren konnte.

Ich stand vor der Entscheidung, wieder etwas ganz anderes zu machen, war unglücklich und fühlte mich innerlich leer. Meine Gedanken kreisten in Dauerschleife: „Was soll ich tun, wenn ich meine Kunden aufgebe? Wie soll ich dann Geld verdienen? Wovon soll ich leben?" Ich musste irgendwie einen neuen Weg für mich finden.

Ich war damals schon ausgebildete Yogalehrerin und hatte ein gutes Gespür für meinen Körper und seine Blockaden. Ich spürte, dass der Stress mich krank machen würde. Ich litt oft an Kopfschmerzen und immer wiederkehrenden Erkältungen. Meine Energie war schnell erschöpft und meine Stimmung schwankte oft zwischen himmelhochjauchzend und tief betrübt hin und her. Ich musste also etwas unternehmen, und so kam es, dass ich wieder mit Yoga beginnen wollte.

Irgendwann landete ich in Neuss im Yogahaus und sah auf der Kurstafel einen Flyer von Karsten angeschlagen. Er bot Meditationscoachings an für alle möglichen Lebensthemen, und intuitiv wusste ich: genau das brauche ich jetzt. Denn vom Kopf her kam ich ja offensichtlich nicht weiter. Ich buchte eine Session und fand mich einige Tage später in Karstens Praxis wieder.

Die Session verlief ganz anders als alle Coaching Sessions, die ich in meinem Leben bisher hatte. Im Grunde saß ich mit geschlossenen Augen Karsten gegenüber und er bat mich, in mich hinein zu spüren, nachdem ich ihm kurz geschildert hatte, um was es ging.

Karsten strömte so viel innere Ruhe aus, dass ich mich trotz meines nervösen Zustands gut darauf einlassen konnte. Ich merkte meine innere Anspannung, die mich tatsächlich körperlich komplett verspannt hatte, aber ich ließ es zu:

Alle Gefühle, den Frust, die Angst, die körperlichen Schmerzen, und zum ersten Mal fing ich nicht gleich an, diese zu bewerten und weghaben zu wollen. Ich ließ einfach alles so, wie es war, und konnte dadurch wirklich präsent im Hier und Jetzt sein.

Wir saßen eine ganze Weile einfach da, dann leitete Karsten mich an, die Konzentration auf die Atmung zu richten. Sofort wurden meine Atemzüge tiefer, ich spürte bald eine leichte Entspannung im Körper und merkte, wie ich mit jedem Atemzug gelöster wurde. Nach einer Weile sagte Karsten, ich solle versuchen, mit meiner Aufmerksamkeit zu den Füßen zu gehen.

Das war schon etwas schwieriger, beide Füße gleichzeitig auf dem Boden zu spüren und da zu bleiben, denn ich spürte meine Füße gar nicht richtig. Doch nach einigen Minuten wurde es ganz warm in meinen Füßen, und ich merkte, wie gut es mir tat, dieses feste Gefühl meiner Füße auf dem Boden zu spüren. Anschließend leitete Karsten meine Aufmerksamkeit einmal durch den gesamten Körper, ich konnte spüren, dass Widerstände und Blockaden da waren, aber irgendwie tat es auch gut, all das wahrzunehmen und dann zur nächsten Stelle weiterzuwandern.

Der Effekt war, dass sich mein Körper nach und nach entspannte. Am Ende der Reise waren wir wieder bei der Atmung und ich fühlte mich sehr erholt. Wie war nochmal das eigentliche Thema, mit dem ich hergekommen war? Ich musste lachen. Jetzt gerade war alles gut. Ich erzählte Karsten, dass ich den Wunsch hatte, mit nachhaltigeren Firmen zusammenzuarbeiten, weil ich mich dann besser fühlen und einen größeren Sinn in meiner Tätigkeit sehen würde. Karsten schaute mich an und sagte: „Warum nicht? Wenn es dich fasziniert und begeistert, du fühlst dich doch mit diesem Gedanken gut, oder?" Es stimmte, ich fühlte mich bei diesem Gedanken wirklich gut.

Es war ja mein eigener Wunsch. „Warte ab", sagte Karsten, „es wird schon alles so kommen, wie du es möchtest. Die Gedanken und Ideen sind ja in deinem Kopf. Sie sind bestimmt nicht ohne Grund in dir entstanden!"

In der darauffolgenden Woche hatte ich einen Termin in München mit einem befreundeten Architekten, der gerade von einer Designreise aus Stockholm zurück war. Begeistert erzählte er mir von den schwedischen Möbel-Manufakturen und wie nachhaltig all diese Firmen ausgerichtet waren.

In meinen Kopf machte es „klick" und ich erinnerte mich an meinen Wunsch in Karstens Coaching. Ich fragte: „Denkst du, dass diese Unternehmen auch am deutschen Markt Interesse haben könnten?"
„Na klar!" sagte mein Bekannter. Noch in der derselben Woche buchten wir Flüge nach Stockholm und ehe ich mich umschauen konnte, saß ich mit genau den Firmen am Tisch, mit denen ich mich identifizieren konnte.

Das war 2013. Ich leite mittlerweile eine erfolgreiche Agentur für schwedisches Design und bin immer noch sehr glücklich über die schnelle und nachhaltige Veränderung, die Meditation in mein Leben gebracht hat.

Doch das ist noch lange nicht alles, eigentlich fing die Reise dort erst an. Fünf Jahre später war ich an einem Punkt in meinem Leben, an dem viele Veränderungen auf mich einprasselten. Meine langjährige Beziehung war gerade am Ende, ich fühlte mich haltlos, wusste überhaupt nicht, was ich mit vierzig eigentlich vom Leben wollte, alles erschien mir sehr kompliziert. Ich hatte wieder schlaflose Nächte und wälzte Probleme hin und her. Wo wollte ich hin? Wie sollte es weitergehen?

Also buchte ich einen Termin bei Karsten. Ganz nebenbei erzählte er mir, dass er mittlerweile eine fundierte Meditationsausbildung anbieten würde. Kurzentschlossen meldete ich mich an. Die Ausbildung ging vier Wochen später schon los und ich kann sagen, dass sich alles in meinem Leben mit einer Geschwindigkeit veränderte, die ich mich nie hätte träumen lassen.

Mein Business wurde auch noch erfolgreicher und tatsächlich meldete sich auch der Mann wieder, den ich schon immer toll gefunden hatte. Ich hatte mir jedoch nie den Gedanken erlaubt, mit diesem tollen Mann eine Beziehung zu führen. Er schien mir bis dato immer unerreichbar zu sein. Nun kam alles Gute in mein Leben und ich begann das alles zu feiern, zu genießen und ganz bewusst dankbar dafür zu sein.

Die Ausbildung ist nun abgeschlossen. Ich bin seitdem mit meinem Traummann zusammen. Wir verbringen unsere Urlaube auf Kreta und Teneriffa, wo wir beide surfen lernen. Wir meditieren oft gemeinsam. Seit 2020 habe ich angefangen, selbst Meditation zu unterrichten und mein Leben in vollen Zügen zu genießen.

Und mit Karsten schrieb ich dieses Buch, um möglichst vielen Menschen die wirklich einfache, aber sehr wirkungsvolle Kraft der Meditation ans Herz zu legen.

Möge die Meditation Dein Leben genauso positiv transformieren wie meins. Ich wünsche Dir ganz viel Freude und danke Dir von ganzem Herzen, dass Du Dich auf Deinen Weg machst!

— KAPITEL 3 —

Den richtigen Weg finden

Miriam: „Was ist Meditation überhaupt und was wäre heute Deine Antwort dazu?"

Karsten: „Es gibt für den Verstand eigentlich keine Antwort auf die Frage, weil Meditation viel mehr etwas mit wahrnehmen, fühlen, spüren und beobachten zu tun hat. Meditation ist ein bestimmter Zustand, in den du nach einiger Zeit gelangst, wenn du öfter meditiert hast, wenn du ruhig geworden bist, wenn du dich selbst beim Sitzen gefühlt und wahrgenommen hast. In der Meditation erlangst du hilfreiche Erkenntnisse über dich. Du lernst etwas über dich und deine Gefühle kennen, über dich und deine Emotionen, über dich und deine Gedanken.

Ich könnte immer wieder versuchen, dir Meditation zu erklären. Allerdings wären das alles nur Worte und Informationen, die letztendlich zu keiner Selbsterfahrung führen. Du musst Meditation ausprobieren, um zu erfahren, was sie ist. Du könntest dich einfach hinsetzen, die Augen schließen und 10 Minuten still sitzen bleiben. In diesen 10 Minuten lernst du einiges über dich. Du wirst bemerken, wie unruhig du bist, wie eilig du es hast, was du denkst, was noch alles erledigt werden müsste, wieviel Zeit wohl schon rum ist usw.

Alles das wird während dieser 10 Minuten in dir vorgehen, und du wirst es bemerken, es fühlen, es wahrnehmen und vielleicht sogar beobachten können. Mit etwas Training würdest du diese inneren Geschehnisse nicht nur beobachten können, du würdest auch nicht mehr auf sie reagieren. Sie nehmen dich nicht mehr so ein und bringen dich nicht mehr um den Verstand. Du könntest Gedanken denken, ohne etwas aus ihnen machen zu müssen. Du könntest Gefühle wahrnehmen, ohne gleich durchzudrehen. Du könntest Empfindungen im Körper wahrnehmen, ohne gleich besorgt zu sein. Du würdest erst mal ruhig bleiben und abwarten, was sonst noch so geschieht. Das alles ist ein inneres Geschehen, eine Art Innenschau. Du beobachtest, was alles so geschieht, während du versuchst, 10 Minuten ruhig sitzen zu bleiben.

Gestern saßen Annette und ich draußen am Tisch. Fünf Stunden zuvor hatten wir zwei oder drei Sätze über meinen Vater gesprochen und als wir da draußen am Tisch saßen, kamen mir diese Gedanken dazu wieder in den Sinn. Aber ich wollte nicht schon wieder daran denken, also habe ich diese Gedanken gestoppt und die Zeit mit Annette genossen. Diese Fähigkeit entsteht durch das Meditationstraining.

Wir sollten immer selbst darüber entscheiden können, worüber wir nachdenken. Das hört sich vielleicht komisch an, aber die meisten Menschen glauben, dass ihre Gedanken ihnen untergejubelt wurden. Dass sie halt einfach da sind, und: „Was will man machen? Man denkt halt den ganzen Tag nach." Nein, das tut man nicht, bzw. man tut es schon, weil man es will. Du könntest auch den ganzen Tag fühlen, beobachten oder einfach nur wahrnehmen. Die meisten unserer Gedanken führen eh zu nichts. Was nutzt es, den ganzen Tag über ein Streitgespräch nachzudenken, ohne die betroffene Person anzusprechen.

Ich kann auch stundenlang über die Vor- und Nachteile meiner Kindheit nachdenken, ohne darüber mit meinen Eltern zu sprechen. Am Ende bleiben es aber nur Gedanken, und mit denen muss ich zurechtkommen, nicht meine Eltern.

Was ich gerade erzähle, beantwortet zwar nicht die Frage: „Was ist heute Meditation für Dich, Karsten?", aber irgendwie gehört es dazu. All diese Erkenntnisse und kleinen Weisheiten entstehen durch die Selbstreflektion, durch die Meditation."

Luzia, eine Ausbildungsteilnehmerin sagt: „Was ich ja mal erlebt habe, als ich mal zu spät zum Meditationskurs kam und du schon mit den zehn Minuten Stille angefangen hattest, war, dass ich diese Ruhe und diese Stille total faszinierend fand. Ich war ja noch total unruhig und hektisch, aber diese Stille brachte mich irgendwie runter. Und du warst ja nicht allein, es waren ja noch viele andere in dem Raum, die auch still dasaßen. Ich fand das großartig, wie alle bei sich waren und meditierten."

Karsten: „Genau Luzia, klasse, dass du das erwähnst! Es ist schon sehr kraftvoll, wenn mehrere Menschen zusammensitzen und meditieren. Jeder einzelne von ihnen versucht ja bei sich zu bleiben, und wenn du als unruhige Person zu dieser Gruppe dazukommst, dann überkommt dich förmlich das Gefühl, auch ruhig werden und bei dir sein zu wollen. Es ist eine Art Gruppendynamik, die dort herrscht. Unser Unterbewusstsein nimmt diese Stimmung auf, so wie du es aufnimmst, wenn du auf deine Arbeitsstelle kommst und sofort spürst, wenn etwas nicht stimmt. Schön, dass du das so erfahren konntest, Luzia. Achte mehr auf solche Augenblicke! Damit trainierst du deine Intuition."

Miriam: „Wie wirkt Meditation? Und wobei hilft Meditation noch?"

Karsten: „Ich möchte dir hier keine Studien vorlegen oder etwas wissenschaftlich erklären, Miriam. Das alles kann man in vielen Bücher und Studien nachlesen. Ich bin auch nicht so wortgewandt und auch nicht so intelligent, um dir etwas über das Gehirn und das Nervensystem erzählen zu können. Aber ich habe ein umfangreiches Bewusstsein und glücklicherweise bin ich Skorpion vom Sternzeichen her und denen wird ja Tiefgründigkeit und Spiritualität nachgesagt. Daher sage ich nicht viel, aber wenn ich etwas sage, geht es meist in die Tiefe.

Wir sollten bei bestimmten Fragen den Bewusstseinszustand der fragenden Person miteinbeziehen. Ich bin der Meinung, dass es einen Unterschied macht, wenn ich nach der Wirkung der Meditation auf einer Gartenparty mit mehreren Personen am Tisch gefragt werde, die gerade drei Flaschen Wein getrunken haben, oder einer Person, die mich fragt, weil sie über meine Homepage auf die Meditationsausbildung aufmerksam geworden ist.

Vielleicht ist die angeheiterte Gartengesellschaft in belustigender Stimmung und möchte jetzt mal deutlich machen, wie lächerlich sie Meditation findet oder sie haben durch den Alkohol etwas Mut gewonnen und sind der Meditation jetzt etwas offener gegenüber und trauen sich jetzt mal zu fragen. Weißt du, was ich meine?

Mir ist Meditation wichtig und ich kann solche wichtigen Fragen nicht lapidar beantworten. Zudem sitzt mir eine fragende Person gegenüber, die eine Vergangenheit hat, die eine Geschichte hat, die dieses oder jenes erlebt hat, die bestimmten Ansichten und Verhaltensweisen hat.

Vielleicht möchte diese Person einfach nur mit mir über Meditation diskutieren, weil grundsätzlich über alles erstmal diskutiert werden muss oder sie möchte endlich mal wissen, was das mit dem 10 Minuten „dumm" rumsitzen eigentlich auf sich hat, weil das ja irgendwie gerade trendy zu sein scheint. Ich kann gerne auf solche Debatten und Diskussionen eingehen, aber eigentlich interessiert mich, wer hinter all diesen Mustern steckt. Wer ist diese Person, wenn es nichts mehr zu diskutieren gibt, wer ist diese Person, wenn alle Fragen beantwortet sind, wer ist diese Person, wenn all Ihre Wünsche und Bedürfnisse befriedigt wären?

Was wäre, wenn diese Person kein volles Glas mehr wäre, sondern ein leeres Glas? Wenn die ganzen Probleme aus der Vergangenheit und die ganzen Sorgen über die Zukunft vorbei wären? Wer wäre diese Person, wenn sie an eine Art Nullpunkt gelangen würde, wenn ihre Festplatte defragmentiert wäre, wenn sie ihr Gleichgewicht gefunden hätte? Weißt du, wer du bist, wenn alles erledigt wäre?

Es ist ein weiter Weg, um dorthin zu gelangen, aber ich muss dir ehrlich sagen, ab hier wird die Meditation ja erst interessant! Wenn alles bereinigt und erledigt ist, taucht die Frage auf: „Und was jetzt?" Und die Antwort lautet: „Werde kreativ! Lass dir was einfallen! Kreiere etwas, erschaffe etwas, unterstütze irgendwas. Setze deine Energie sinnvoll ein!" Irgendwo muss deine Energie ja jetzt hin und da sie nicht mehr in die problematische Vergangenheit fließen kann, weil du diese hinter dir gelassen hast, muss sie woanders hinfließen.

Ab diesem Punkt entscheidest du selbst, wohin deine Aufmerksamkeit, dein Bewusstsein, deine Energie fließt. Ab hier kommen mehr und mehr Selbstbewusstsein, Selbstverantwortung und Selbstbestimmung ins Spiel. Ab hier gibt es keine Ausreden mehr. Du bist kein Opfer der Umstände mehr.

Du handelst jetzt in vollem Bewusstsein, verantwortungsbewusst und mitfühlend. Du weißt, was andere durchgemacht haben, weil du es auch durchmachen musstest. Du kannst jetzt mitfühlen. Und das macht dich zu einer äußerst empathischen Person, der sich andere Menschen gerne anvertrauen."

Luzia fragt: „Wie schaffe ich es durchzuhalten? Diese Durststrecke, bis ich zur Ruhe komme und erste Erfolge habe, kann ja sehr lang sein, oder?"

Karsten: „Ja, leider ist es sehr schwierig. Vor allem dann, wenn das eigene Durchhaltevermögen eh etwas schwach ausgeprägt ist. Ein starkes Interesse wäre schon hilfreich oder etwas, das dich motiviert, weitermachen zu wollen. Manchmal ist es tatsächlich eine Krankheit oder ein Veränderungsprozess, der dazu führt, dranbleiben zu wollen. Natürlich könnte man auch dranbleiben, wenn man von Natur aus einen starken Willen hat, aber in der Realität beugen die meisten sich eher den Umständen, statt ihrem eigenen Willen Kraft zu geben.

Es ist auf jeden Fall empfehlenswert, sich einer Meditationsgruppe anzuschließen oder unter Anleitung zu meditieren. Ein Trainer oder ein Lehrer kann dir helfen, den Fokus zu behalten, er kann dich in schwierigen Phasen motivieren, und mit seiner ganz eigenen Energie hat sie oder er ja auch eine gewisse Ausstrahlung, die sich auf dich überträgt. So wie kleine Kinder sich von ihren Fußballidolen inspirieren lassen, so kann dich auch ein/e Meditationstrainer/in motivieren und dir immer wieder neue Inspirationen mit auf den Weg geben. Irgendwann kommt ein Punkt, an dem du selber merkst, dass die Meditation etwas bewirkt, und das wird dir weiter Energie geben. Sobald du Vertrauen in das bekommst, was du tust, wirst du automatisch weiterwachsen. Zunächst musstest du diszipliniert und mit viel Willenskraft regelmäßig praktizieren.

Aber irgendwann trägt dich deine eigene Faszination durch die Meditation. Irgendwann begeistert es dich. Irgendwann ist die Meditation motivierend. Irgendwann findest du in der Meditation Inspiration. Aber die ersten Schritte musst DU gehen. Sie müssen von dir kommen. Du bist der Anfang. Alles fängt mit dir an.

Du könntest auch mit einem YouTube-Video beginnen, allerdings besteht hier das Risiko, dass du an die „falsche" Meditation gerätst, weil es einfach so viele Meditationsanleitungen gibt, dass du gar nicht die Lust haben wirst, sie alle auszuprobieren. Wir Menschen bilden uns halt sehr schnell unsere Meinung und wenn die einmal getroffen ist, wird es schwer, sie zu verändern. Ein/eine ausgebildete/r Meditationstrainer/in nimmt dich wahr, fühlt dich, spürt dich und kann auf dich und deine Veranlagungen und Bedürfnisse eingehen. Ein YouTube-Video macht das nicht. Es ist nur zum Abrufen da, nicht zum „auf dich eingehen". Sei dir darüber bewusst, dass ein Video dir nichts bieten kann, weil es nicht weiß, was du brauchst! Eine Lehrerin, ein Lehrer ist ein empathisches Wesen, das mit dir kommunizieren kann. Ihr könnt euch austauschen und gegenseitig voneinander lernen. Das ist deutlich wertvoller als ein aufgezeichnetes Video.

Dennoch gibt es gute Meditationsvideos oder Audiodateien. Wenn es ein Kurs ist, der aufeinander aufbaut, dann ist es auch okay. Ich finde es wichtig, den Körper ruhig halten zu können, also überhaupt erstmal ruhig sitzen bleiben zu können. Dann mal entspannen, also nichts machen zu müssen. Das Entspannen genießen, ich meine wirklich genießen, ohne gleich darüber nachdenken zu müssen, was man nach der Entspannung macht. Atmen finde ich auch sehr wichtig. In Ruhe und vor allem tief ein- und ausatmen zu können. Viele Menschen sind so hektisch, sie haben nicht mal Zeit zum Atmen. Alles muss immer so schnell gehen. Der Körper und seine Atmung werden förmlich auf die Schnelligkeit programmiert.

Er atmet schon gewohnheitsmäßig so schnell, weil ja alles so schnell wieder vorbei sein könnte. Also beeilen wir uns noch mehr und atmen am besten noch kürzer und flacher. Weißt du wie ich es meine? Alles ist so wahnsinnig schnell geworden. Es ist keine Zeit für nichts und auch keine Zeit für Entspannung. Daher finde ich es wichtig, auch mal entspannen und vor allem in Ruhe atmen zu können. Probiere es heute Abend mal aus. Schau mal, wie lange du ruhig atmen kannst, ohne einzuschlafen oder dich in Gedanken zu verlieren.

Du könntest deine Einatmungen zählen und überprüfen, wie viele Einatmungen du zählen kannst. Sind es 30, 40, 88 oder 195? Wie viele Einatmungen kannst du zählen, ohne dich zu verzählen?

Durchhaltevermögen kann man entwickeln, das ist kein Problem. Schön wäre es natürlich, wenn du es bei etwas trainierst, das dir auch Spaß macht. Unsere Meditationsausbildung haben wir bewusst so gestaltet, dass wir vor allem auch Spaß haben. Wir bewegen uns viel, gehen raus, atmen, lachen, machen Gruppenübungen, hören Musik und tun auch mal zusammen gar nichts. Es macht Spaß, mit anderen Menschen zusammen zu sein."

Miriam: „Wie schaffe ich es, der Meditation in meinem Alltag Raum zu geben?"

Karsten: „Lass uns mal überlegen. Wie ist man früher zur Meditation gekommen? Im Grunde musst du das von jemandem gehört haben, der zum Beispiel erzählt hat: „In Koblenz gibt es jemanden, der bietet Meditation an." In dem Augenblick wusstest du ja schon: Möchte ich dahingehen oder nicht? Wir müssen aber noch ein bisschen weiter gehen: Wie kommt es überhaupt, dass jemand zu dir kommt und dir von Meditation erzählt?

Ich meine, es könnten ja auch Menschen zu dir kommen, die dir erzählen, dass in Solingen ein neuer Swingerclub aufgemacht hat, oder?

Das heißt: unbewusst war schon ein Interesse an Meditation da, ansonsten würde das Thema nicht irgendwie zu dir kommen. Du interessierst dich ja nicht für Swingerclubs, glaube ich zumindest (Karsten lacht). Deswegen hörst du auch die ganze Zeit nichts von irgendwelchen neuen Swingerclubs. Wenn bei dir aber ein Interesse da wäre, selbst, wenn es dir nicht bewusst ist, dann würde das auch in dein Leben kommen. Deine Aufmerksamkeit würde sich darauf fokussieren. Worauf ich also hinaus möchte ist: Wenn so etwas wie Meditation in dein Leben kommt, als Gedanke, als Erzählung, als Buch oder so, dann hat das einen Sinn und einen Zweck. Und dann wäre es schon gut, der Sache zumindest etwas mehr deiner wertvollen Aufmerksamkeit zu schenken; die Meditation also eine gewisse Zeit lang zu verfolgen.

Wenn ich so spazieren gehe und mir plötzlich die Idee kommt, einen Online-Kurs anbieten zu wollen, dann beginne ich, diese Idee zu verfolgen oder ihr zu mindestens noch etwas Raum in meinem Bewusstsein zu lassen. Ich lasse den Gedanken nicht einfach fallen, vor allem dann nicht, wenn mir der Gedanke in einem entspannten Zustand kam!

Letztendlich folge ich ja nicht nur dem einen Gedanken, dass ich einen Online-Kurs anbieten könnte, sondern, ich folge meiner gesamten Intuition. Ich möchte ja auf meine innere Stimme hören und meine innere Stimme zeigt sich hauptsächlich durch Gedanken. Manchmal sind es auch Bilder, aber meistens sind es Eingebungen, die sich durch Gedanken ausdrücken. Also bin ich allen Gedanken gegenüber aufmerksam.

Wenn du also dieses Buch in deiner Hand hältst, dann hast du bereits Interesse an der Meditation. Verfolge Sie weiter! Probiere dich darin aus, erforsche sie. Befasse dich damit. Beschäftige dich damit. Zumindest so lange, bis du behaupten kannst, was Meditation ist, was sie bewirkt und wohin sie führt."

Isabella fragt: „Und was ist, wenn mich nach ein paar Tagen der Alltag wieder erfasst? Wie schaff ich es, in dem wuseligen Alltag am Ball zu bleiben?"

Karsten: „Wenn ich das ganz ehrlich beantworten darf, liebe Annamaria, dann spare dir die Kraft auf, denn dies ist nicht mit dem Ego zu lösen. Der Gedanke meditieren zu wollen taucht in dir auf und du sagst dir: „Okay, dann beschäftige ich mich mal mit Meditation". Du benutzt deinen Willen und beginnst einen Meditationskurs. Gut so, das ist schon mal der richtige Weg, um der inneren Stimme Aufmerksamkeit zu geben. Aufgrund dieses Willens in dir hältst du es auch eine Zeit lang durch, regelmäßig zu meditieren. Deine Willenskraft und dein Durchhaltevermögen wachsen. Doch eines Tages fühlst du dich nach der Meditation gut. Nicht nur, weil es grundsätzlich ein gutes Gefühl ist, wenn man etwas durchgehalten oder erledigt hat, sondern, weil in dir etwas passiert. Du wirst wacher, bewusster, aufmerksamer, aber auch ruhiger, gelassener, entspannter. Jetzt kommen langsam Gefühlszustände hinzu. Es fühlt sich einfach gut an. Aber hier tritt das Ego zurück und die Gefühle übernehmen das Ruder. Jetzt meditierst du nicht mehr, weil du es willst, sondern weil es sich gut anfühlt.

Okay, Weg Nummer zwei: Irgendwie gelangst du an das Thema Meditation, jemand aus deinem Bekanntenkreis spricht darüber, aber da ist dieser nette junge Mann, der dich die ganze Zeit ablenkt, und da du des längeren schon auf der Suche nach einem Partner bist, taucht dieser natürlich auch auf dem Spielfeld des Lebens auf. Wir haben ja meistens nicht nur einen Wunsch, sondern mehrere, und das Universum hat einiges zu tun, um dir die Erfüllung zu präsentieren. Allerdings sind es so viele Wünsche im Laufe der Zeit geworden, dass die Erfüllung manchmal auf einem Haufen auftaucht. Also wendest du dich dem netten Herrn zu und eine Partnerschaft bekommt mehr Priorität als die Meditation. Das ist ja kein Problem. Es halt der übliche Ablauf. Wir sind aufgrund eines gewissen Mangelbewusstseins immer auf der Suche nach der Erfüllung unserer Wünsche und Bedürfnisse. Anstatt das Mangelbewusstsein aufzulösen, versuchen wir es zu befriedigen.

Für Meditation ist hier noch wenig Raum, wenig Platz. Andere Dinge haben Priorität und Meditation kann immer noch irgendwann praktiziert werden. Dennoch schaffen es manche Menschen, doch noch zum Kurs zu kommen. Ihr Interesse ist groß oder das Leiden ist groß und sie suchen Hoffnung und Zuversicht, aber egal wie es ist, sie kommen doch irgendwie zum Kurs. Sie haben es geschafft, in dem sowieso schon überfüllten Glas noch etwas Platz für den Besuch eines Meditationskurses zu schaffen. Was passiert mit diesem Menschen während der Meditation?

Ihr überfülltes Glas, was für uns jetzt symbolisch für ein überfülltes Unterbewusstsein steht, also überfüllt durch all die unbefriedigten Wünsche, Hoffnungen, Glaubensvorstellungen usw. schwappt in der Meditation über. Tränen fließen, Wut steigt auf, Unruhe kommt hoch, die Ungeduld zeigt sich, all die überladenen Gefühle und angestauten Emotionen blubbern auf, wie Perlen in einer geöffneten Sektflasche. Während einer Meditationseinheit von 20 Minuten können so viele Perlen aufsteigen, dass es kaum auszuhalten ist. Also wird die Meditation abgebrochen und als „nicht sinnvoll" bewertet. Diese Menschen kommen vielleicht jahrelang nicht mehr zu Meditation.

Es ist wirklich nicht einfach, wenn sowieso alles schon so schwierig und viel ist, mit etwas Neuem anzufangen, weil das Neue ja auch wieder nur etwas Zusätzliches ist. Wo soll also der Anfang gemacht werden? Ich kann dir das ehrlich gesagt nicht beantworten, weil manchmal die Zeit die Dinge regelt. Manchmal ist es einfach an der Zeit, manchmal braucht es auch noch etwas Zeit und manchmal gib es für alles die richtige Zeit. Du musst es fühlen, wann für dich die Zeit gekommen ist. Du musst selbst wissen, was wichtig in deinem Leben ist und was nicht. Welchen Dingen möchtest du Priorität geben und welchen nicht? Wo möchtest du dich noch einsetzen und wo ist es besser, sich zurückzuziehen?

Glücklicherweise hast du deine Gefühle, die eine Art Barometer dafür sind, ob das, was du tust, gut für dich ist. Ich meine, du fühlst dich ja bei gewissen Dingen gut bei manchen eben nicht. Deine Gefühle zeigen dir, wo du richtig handelst und wo nicht.

Ich habe mich die letzten Wochen nicht so gut gefühlt, aber ich wollte mich auch nicht gut fühlen. Manchmal mag ich es irgendwie auch, mich so im schweren Gefühl zu suhlen. In solchen Phasen bleibe ich auch meditativ. Ich lasse das schwere Gefühl auf mich wirken, lasse ihm Raum, akzeptiere es, leiste keinen Widerstand. Vor ein paar Tagen dann, wurde mir das Gefühl richtig bewusst und ich begann, mich zu verändern. Ich veränderte nicht das Gefühl und zwang meiner Umgebung auch nicht auf, sich anders zu verhalten, damit es mir besser geht. Nein, ich veränderte mich. Ich nahm das Gefühl als Bio-Feedback-Barometer dafür, ob das, was ich esse, was ich mache, wie ich denke, worüber ich nachdenke, etwas ist, was mir gute Gefühle beschert. Die Antwort war „Nein, das taten diese Dinge nicht." Also veränderte ich meine Gewohnheiten. Ich aß mehr Nahrungsmittel, die gesund sind. Ich ging regelmäßig spazieren, ich erledigte ein paar Dinge, die schon lange erledigt werden mussten.

Ich räumte auf, ich räumte weg, ich sortierte aus und ordnete meinen Kleiderschrank, meine Dateien auf meinem Rechner und meine Ordner neu an. Ich fing an, mich gut zu fühlen. Ich stellte fest, dass das, was ich gerade tat, sich gut anfühlte.

Als sich alles schlecht anfühlte, musste ich also Dinge getan haben, die nicht gut für mich sind. Jetzt, wo ich Dinge tue, die offenbar gut für mich sind, fühle ich mich auch gut. Also sind und waren meine Gefühle ein gutes Barometer für meine Handlungen, Denkweisen und Verhaltensweisen. Ich weiß nicht, aber vielleicht tue ich bald wieder Dinge, die meine schlechten Gefühle unterstützen. Und das ist auch irgendwie okay. Gefühle haben nun mal zwei Seiten. Mal so und mal so."

Miriam: „Vielleicht magst du noch kurz auf den Power-Tag in der Meditationsausbildung eingehen?"

Karsten: „Gerne, Miriam. Wie gerade gesagt, fing ich an aufzuräumen, umzuräumen zu sortieren usw. Ich habe auch einen Teil meiner Steuern und der Buchhaltung erledigt. Ein paar kreative Ideen umgesetzt, die ich schon lange im Kopf hatte und ein paar Gespräche geführt, die mir schon lange auf der Seele lagen.

Relativ zu Beginn der Meditationsausbildung mit Ihren 15 Wochenenden und 15 Themen kommen wir zum Power-Tag. Bei der Meditation versuchen wir ja einen Zustand der inneren Leere zu erreichen, um dann zum Beispiel aus dieser Leere heraus mit einem neuen Bewusstsein zu erwachen. Um den Vorgang des inneren Leer-Werdens zu unterstützen, bereinigen wir auch die Dinge in unserer äußeren Umgebung. Ein überfüllter Schreibtisch zum Beispiel, ein vollgestellter Keller, eine zugemüllte Garage, ein ständig im Weg stehender Karton usw.

Oder wir beschäftigen uns endlich mal mit den Dingen, die uns schon lange auf Seele liegen. Ein klärendes Gespräch mit der Schwester, eine unausgesprochene Kritik an dem Verhalten des Partners oder auch ein unerfüllter Wunsch, eine Sehnsucht oder ein Verlangen.

Wir versuchen durch die Klärung äußerer Dinge, innerlich ins Reine zu kommen. Denn es ist wirklich verflixt schwierig, ruhig sitzen zu können, wenn man so viele unerledigte Dinge im Kopf hat. Da kannst du Wochen oder Monate meditieren.

Vielleicht ist es noch ganz wichtig, dass ich sagen sollte, dass wir nicht meditieren, um die Dinge beiseitezuschieben oder zu unterdrücken! Es ist besser, sie zu erledigen. Dann fällt dir das Meditieren auch deutlich leichter.

Der Power-Tag ist innerhalb der Meditationsausbildung eine solche Möglichkeit. Ich gebe dir hier die Möglichkeit für einen Mini-Power-Tag:

1. Schreibe Dir einige Erledigungs- und Arbeiten auf, die du schon länger vor dir herschiebst.
2. Schreibe dir einige Entrümplungs- und Entsorgungsarbeiten auf, die du schon länger vor dir herschiebst.
3. Schreibe dir einige Arbeiten auf, die mit deinen Lebenswünschen, Visionen und Zielen zu tun haben.

Suche dir jetzt einen Tag im Kalender, an dem du früh aufstehst und einige oder alle Punkte auf deiner Liste abarbeiten wirst. Keine Unterbrechung, keine Verschiebung. Und wenn es den ganzen Tag dauert, erledige diese Punkte auf deiner Liste und freu dich auf das befreiende Gefühl, das dich im Bett überkommen wird, wenn du die Dinge erledigt hast, die dich im Grunde die ganze Zeit belastet haben.

Unerledigte und im Weg liegende Dinge rauben dir Energie. Sie nehmen dir die Kraft für die Dinge, die du eigentlich am allerliebsten Tun würdest. „Ich habe heute keine Zeit.", „Ich muss erst noch den Bürokram erledigen." Das sind alles Ausreden und Ablenkungen für die Dinge, die dir eigentlich Energie geben würden. Wäre es nicht wunderbar, wenn du wirklich Zeit zum Leben hättest? Wenn du kreativ sein könntest und du dir den Tag so einteilst, dass er sich für dich angenehm anfühlt? Was hält dich davon ab? Müssen erst noch bestimmte Voraussetzungen erfüllt werden? Wann wirst du sie erfüllen? Wann sind sie alle erledigt, sodass du wirklich Zeit zum Leben hast?

Schaffe dir im Inneren Raum für schöne Gefühle und Gedanken, indem du die „schweren" Dinge im Äußeren erledigst. Mach einen Frühjahrsputz. Fang gleich damit an. Ich verspreche dir, dass du dich großartig fühlen wirst, wenn du deine neue Freiheit erlangst. Ansonsten helfe ich dir, so wie mit diesem Buch hier.

Du und ich, wir können eh nur richtig glücklich werden, wenn alle anderen um uns herum auch glücklich sind."

– KAPITEL 4 –

Sich glücklich atmen

Miriam: „Was ist Meditation heute für Dich?"

Karsten: „Wir haben jetzt eben im Onlinekurs mit über 40 Teilnehmenden meditiert und ich würde es heute so beschreiben: Es ist ein bestimmter Zustand, in dem wir uns aufhalten, in dem wir alles, was geschieht, beobachten, wahrnehmen, spüren und vielleicht sogar eine Erkenntnis über uns selbst erlangen, weil ich zum Beispiel bei der Meditation bemerke, dass ich die ganze Zeit über an eine bestimmte Situation aus der Vergangenheit denke. Und wenn ich bemerke, dass ich während der Meditation die ganze Zeit nachdenke, dann besteht vielleicht die Möglichkeit, von diesen Gedanken abzulassen. Ich könnte das Denken für einen Augenblick beenden, weil mir bewusst geworden ist, dass ich nachdenke. Um mir darüber bewusst werden zu können, dass ich die ganze Zeit nachdenke, benötige ich nicht nur Ruhe, sondern auch Selbstbewusstsein. Ich muss mir meines eigenen Tuns, in diesem Fall des Nachdenkens, bewusst werden.

Wenn ich also beginne zu akzeptieren, dass ich die ganze Zeit nachdenke, dann mache ich daraus kein Problem mehr. Es ist okay, dass ich nachdenke, und das beruhigt mich. Es ist kein Problem mehr.

Von diesem Moment an widme ich schon etwas mehr Aufmerksamkeit der Ruhe, der Gelassenheit, der Akzeptanz. Ich akzeptiere ja jetzt, dass ich halt manchmal so viel nachdenke. Und unter Umständen kann ich nach der Meditation alles sogar mit etwas mehr Gelassenheit und Ruhe angehen."

Miriam: „Hat unsere Atmung auch einen Einfluss auf unser Befinden während der Meditation?"

Karsten: „Ja, das hat sie. Ergebnisse aus der Psycho-Neuro-Immunologie, zum Beispiel von Prof. Dr. Dr. Christian Schubert aus Innsbruck, zeigen, dass die psychische Verfassung einer Person einen erheblichen Anteil daran hat, wie gut unser Immunsystem funktioniert. Regulative Vorgänge aus dem vegetativen Nervensystem, welches durch den Sympathikus und Parasympathikus gesteuert werden, können die Reaktion des Immunsystems fördern oder auch begrenzen. Mit einer gesunden Ernährung, regelmäßiger Bewegung, Meditation, einem freundlichen Umfeld, gesunder Luft und einer bewussten Atmung können wir unsere Körperfunktionen regulieren. Wenn wir uns in einem harmonischen Gleichgewicht befinden, oder indem wir ein harmonisches Gleichgewicht erzeugen, indem wir etwas für den Körper tun, etwas für den Geist und etwas für unsere Persönlichkeit, dann fühlen wir uns psychisch gut und haben ein starkes Immunsystem."

Miriam: „Was kann ich für meinen Körper, meinen Geist und meine Persönlichkeit tun?"

Karsten: „Unser Körper braucht gute Nahrung, Berührung, Pflege, Bewegung und frische Luft. Du kannst täglich etwas Obst und Gemüse essen, einen Safttag machen, zur Massage gehen, in die Sauna gehen, mit deinem Partner kuscheln, Sex haben, zur Kosmetikerin gehen, schwimmen gehen, Yoga praktizieren, spazieren gehen, wandern und Atemübungen praktizieren. Alle diese Dinge sind gut für unseren Körper. Unser Geist ist kreativ. Er liebt es nachzudenken, sich zu informieren, etwas zu lernen, an die Zukunft zu denken, etwas zu visualisieren, sich etwas vorzustellen und sich etwas auszumalen. Andererseits darf er nicht überfordert werden, immer weiter mit Informationen gefüllt werden, bis man nicht mehr weiß, was Realität ist und was Vorstellung ist. Daher benötigt er ein harmonisches Gleichgewicht zwischen Denken und Stillsein. Hier hilft uns wieder die Meditation, also Phasen, in denen wir nicht nachdenken, sondern fühlen, spüren, wahrnehmen oder still werden, nichts tun und Fünfe einfach mal gerade sein lassen.

Auf der Persönlichkeitsebene streben wir vielleicht nach Anerkennung, Ruhm und Erfolg oder wir setzen uns für Tiere ein, gehen in die Politik oder werden Personen, die in der Öffentlichkeit bekannt sind. Du kannst auch Mutter, Vater, Lehrer, Handwerker oder Hausmeister sein. Egal, wie du deine Persönlichkeit auslebst, Hauptsache, du bist authentisch, belügst dich nicht selbst und machst niemandem etwas vor. Masken zu tragen oder so zu tun, als ob, sind Handlungen, die zu einem Zwiespalt zwischen dir, deinem Gegenüber und der Realität führen. Daher streben wir in den Ausbildungen ein Leben im Einklang mit uns selbst an. Wir wollen so sein, wie wir wirklich sind.

Ein erster und sehr leichter Weg, um zu sich selbst zu finden, ist, einfach mal zu atmen. Das Atmen ist sehr einfach, es kostet nichts und du musst nicht an einem bestimmten Ort sein. Es müssen auch keine bestimmten Voraussetzungen erfüllt sein, um einfach mal zu atmen. Der Atem ist eine Brücke zwischen dir und dem jetzigen Augenblick. Sobald du ein paarmal ein- und ausatmest, fühlst du mehr von deinem Körper, mehr von deiner Umgebung, mehr von der tollen Luft, die überall um dich herum ist.

Der Atem beruhigt den Geist und wenn der Geist ruhig wird, werden die Gedanken langsamer und das wiederum beruhigt dein Gemüt. Allerdings musst du das selbst ausprobieren.

Einfach zu lesen, dass atmen den Geist beruhigt, beruhigt nicht wirklich deinen Geist. Atme jetzt zwei, dreimal durch die Nase oder den Mund ein und aus. Mach es nicht morgen, wenn du mehr Zeit hast, oder wenn die Umstände besser sind. Sie werden nicht besser. Sie waren vielleicht auch noch nie schlecht. Vielleicht warst du hektisch, eilig oder unruhig. Atme jetzt direkt tief ein! Halte den Atem kurz an. Und atme ganz langsam wieder aus.

Probiere es ruhig nochmal. Einmal tief einatmen. Den Atem anhalten. Und ausatmen. Es ist egal, ob du durch den Mund oder die Nase atmest. Atme einfach nur bewusst. Schenke dem Atmen etwas Aufmerksamkeit. Spüre die Atmung. Hol dir die Luft in den Körper und lass sie wieder raus. Du bist umgeben von Luft. Sie steht dir unendlich viel zur Verfügung. Greif zu. Halte dich nicht zurück. Atme so viel du willst. Es ist für alle genug da. Auch für dich!"

Miriam: „Klasse! Ich habe noch nie darüber nachgedacht, dass unsere Atmung das wichtigste Lebenselixier ist und wir keine Scheu davor haben sollten, so viel davon zu nehmen, wie wir möchten. Eigentlich bin ich ja eher schüchtern beim Nehmen. Ich glaube aber, es wäre gut, wenn man sich wieder traut, so richtig intensiv zu atmen."

Karsten: „Absolut! Du wirst dich sofort erfrischt und vital fühlen. Es ist ein gutes Gefühl zu wissen, dass wir von einem Lebenselixier umgeben sind, von dem wir uns so viel nehmen dürfen, wie wir wollen. Es hält uns am Leben".

Luzia fragt: „Wie kann man denn langsam in die intensive Atmung reinkommen, ohne dass einem schwindelig wird?"

Karsten: „Wenn Dir bei wenig und langsam atmen bereits schwindelig wird, würde ich dir empfehlen, dass du das tiefe Ein- und Ausatmen regelmäßig üben musst, damit sich deine Lungenkapazität erweitert und mehr Sauerstoff in dein Blut kommt. Ich würde das nicht so einfach hinnehmen, dass man sagt: „Mir wird einfach immer schwindelig, wenn ich etwas tiefer ein- und ausatme, deswegen atme ich einfach nicht mehr so tief ein- und aus." Jeder Mensch sollte in der Lage sein, einen etwas zügigeren Spaziergang machen zu können, ohne gleich aus der Puste zu sein. Ich habe ganz oft beobachtet, wie Leute den Bus noch bekommen wollten und beinahe keine Luft mehr bekommen haben, weil sie „etwas schneller gehen" mussten als üblich. Die waren im Bus fix und fertig.

Lass uns noch einmal bewusst machen, wie wichtig die Atmung ist. Schau mal: wir atmen oft nur so tief ein, dass die Luft vielleicht gerade mal bis unter den Kehlkopf geht. Unten im Bauch kommt überhaupt keine Luft an. Geschweige denn im Unterbauch. Der Bauch wird durch die Atmung nur minimal bewegt und das hat zur Folge, dass der Darm und die anderen Organe da unten gar nicht massiert werden. Unsere Atembewegung massiert sozusagen die inneren Organe. Sie werden beim Einatmen gedehnt und ziehen sich dann selbständig wieder zusammen. Einatmen, Bauch dehnt sich nach außen. Ausatmen, der Bauch geht nach innen. Genauso mit der Brust. Einatmen, die Brust hebt sich und füllt sich mit Luft. Ausatmen, die Brust senkt sich. Du kannst das ja ganz langsam und in Ruhe machen. Nur keinen Stress. Lass dir Zeit, das Atmen zu fühlen. Spüre, wie sich der Körper beim Atmen bewegt."

Inka, eine Ausbildungsteilnehmerin, fragt: „Karsten, ich habe auch eine Frage zur Atmung, und zwar, die gesündeste Atmung, sagt man, ist die Zwerchfellatmung, also die Bauchatmung, richtig?"

Karsten: „Es ist möglich, dass man das sagt. In der Meditationsausbildung interessiert uns nicht wirklich, was gesagt wird oder was richtig oder falsch ist. Wir versuchen beim Thema „Die Kunst des Atmens" alle Atemtechniken mal auszuprobieren, sodass wir mit jedem Atem okay sein können. Zwerchfellatmung, Bauchatmung. Brustatmung, Lungenatmung, durch die Nase, durch den Mund, dreimal ein, fünfmal aus und so weiter. Schau mal, Inka, man kann über die Atmung tausend Sachen lesen, aber am Ende musst Du atmen. Setzt dich mit deiner Atmung auseinander und schau, was dir leichtfällt und was dir Probleme bereitet. Setzt dich mit der Atmung auseinander, denn sie ist dasjenige, was dich am Leben hält. Ohne deine Atmung kannst du keine Bücher lesen oder über das Gelesene nachdenken. Der Atem ist die Grundlage des Lebens, deswegen sage ich: „Nimm das nicht als selbstverständlich an, wenn du schon nach drei kräftigen Atemzügen Panik bekommst." Atme beim Spazierengehen, beim Treppensteigen, im Liegen, beim Fernsehschauen. Versuch die Luft anzuhalten, nur durch die Nase zu atmen oder beim Einatmen bis zehn zu zählen. Probiere alles aus, was dir einfällt. Hauptsache du atmest, liebe Inka. Das ist das Wichtigste!"

Miriam: „Per E-Mail hat jemand gefragt: „Was ist mit Loslassen gemeint?"

Karsten: „Lass uns mal überlegen, was könnten wir alles loslassen? ich könnte meine angespannten Schultern loslassen. Ich könnte mein angespanntes Gesicht loslassen. Ich könnte das ständige Nachdenken über meine Beziehungsprobleme loslassen. Ich könnte einen Glaubenssatz loslassen.

Ich könnte den Fokus auf ein nicht funktionierendes Projekt loslassen. Ich könnte in einer Diskussion meinen Standpunkt loslassen. Ich könnte eine bestimmte Anschauung loslassen.

Um etwas loslassen zu können, muss ich bemerken, dass ich an etwas festhalte. An einer Idee, einer Meinung, einer Tradition, einem Ritual usw. Vielleicht halte ich an einer Verhaltensweise fest, wie zum Beispiel nach der Arbeit nach Hause zu kommen und dann als erstes in den Kühlschrank zu schauen. Oder an der Vorstellung, dass ich, wenn ich Anerkennung bekomme, dann für immer glücklich sein werde.
Oder an der Idee, dass wenn du mehr Geld hast, mehr verdienst, einen besseren Job oder den richtigen Partner hast, dass dann alle deine Probleme gelöst sind. Sie mögen sich vielleicht etwas weniger intensiv anfühlen, in der Tiefe ändert sich jedoch kaum etwas. Die Oberfläche wird verändert, aber nicht die Quelle der Unzufriedenheit. In der ruhigen Phase einer Meditationssitzung kann man solche unbewussten Verhaltensmuster gut erkennen. Da ich in der Meditation sehr still werden kann, entsteht sehr viel Raum für Bewusstheit. In diesem Raum der Bewusstheit steigen Erkenntnisse auf. Erkenntnisse über das, was gerade in mir vorgeht. Ich erkenne mich selbst, wie ich mich verhalte, was ich denke, was ich fühle, wie ich abschweife, müde werde, wieder wacher werde, wieder nachdenke und wieder bemerke, worüber ich gerade nachdenke.

Was könnte ich also loslassen? Vielleicht das Denken, das Beobachten, das Beurteilen, das Analysieren, das Bewerten, Einschätzen, Entschuldigen, Beschuldigen. Vielleicht habe ich einen Schmerz in der Schulter, der mir auf den Nerv geht. Er beschäftigt mich die ganze Zeit und ich komme überhaupt nicht zur Ruhe. Was könnte ich also loslassen? Vielleicht den Stress, den ich mir wegen des Schmerzes mache. Oder den ständigen Versuch, diesen Schmerz weghaben zu wollen. Den Widerstand gegen ihn.

In der Meditation lernen wir das Loslassen, indem wir unsere Aufmerksamkeit für eine Weile verlagern, oder wir üben das Akzeptieren, werden toleranter, gütiger oder einfach etwas netter zu uns selbst. Wir sind für eine Zeitlang irgendwie okay mit dem, was ist."

Miriam: „Die nächste Frage ist, wie bleibt man bei der Meditation wach? Diese Frage hast du, glaube ich, teilweise schon beantwortet. Frische Luft und der richtige Atem, stimmt's?"

Karsten: „Ganz genau! Wenn wir sitzen und meditieren und ganz still werden, dann kann natürlich als erstes die Müdigkeit kommen, die sich tagsüber aufgebaut hat, als ich aber keine Möglichkeit hatte, sie zuzulassen, weil ich ja arbeiten musste. Sie zeigte sich also schon mal im Laufe des Tages, wurde aber verdrängt oder weggeschoben, weil ja in dem Moment keine Zeit zum Schlafen war. So eine Müdigkeit ist ganz schön unverschämt, weißt du! Sie kommt, wann sie will, und nicht immer dann, wenn es der richtige Zeitpunkt ist. Wir müssen die Müdigkeit also verschieben.

Hätte ich der Müdigkeit nur einen Moment meine volle Aufmerksamkeit gegeben, sie also gefühlt und zugelassen, ohne mich hinlegen zu müssen, dann wäre es vielleicht gut gewesen. Ich hätte keinen Widerstand aufgebaut und sie nicht ins Unterbewusstsein verschoben. Da ich tagsüber meinem Inneren eher selten Aufmerksamkeit schenke, kommen die Dinge halt dann hoch, wenn ich mal etwas Ruhe habe. Jeder von uns kennt das. Da ist man im Urlaub und wird erstmal krank oder ist total müde. Die war schon die ganze Zeit da, aber unentdeckt, weil man sich keine Zeit zum Wahrnehmen genommen hat. Wenn wir uns nicht die Zeit nehmen, Müdigkeit zu fühlen, wenn sie auftaucht, und wenn ich anfange, das zu überspielen, dann fängt der Körper an, Adrenalin zu erzeugen.

Der Kopf sagt: „Wir dürfen jetzt nicht müde sein. Wir müssen jetzt arbeiten." Und da der Körper auf den Geist hört — die Organe des Körpers sehen die Umgebung ja nicht, deshalb müssen sie auf die Informationen der Gedanken vertrauen — wird der Körper anfangen, Adrenalin aufzubauen.

Eine Zeitlang wird der Körper dem Geist folgen, es kostet Kraft und Konzentration, aber es funktioniert, er wird dem Geist folgen. Aber irgendwann übernimmt das Ego die Kontrolle, weil das Ego glaubt, es hätte jetzt die Kontrolle über den Körper, und das Ego wird den Körper überfordern, ihn ausbrennen, ich glaube es heißt Burn-Out, und dann wird der Tag kommen, wo der Körper schlapp macht. Wie eine Pflanze, die man vergessen hat zu gießen. Sie wird eingehen. So wird der Körper auch eingehen, weil das Ego so übermutig geworden ist, dass es den Körper beinahe schon vergessen hat. Zum Glück fängt der Körper rechtzeitig an, Symptome zu zeigen, aber es muss jemanden geben, der sie erkennt, und das bist du. Du bist die einzige Person, die eine intensive Beziehung zu ihrem Körper aufbauen kann. Niemand ist näher an deinem Körper dran als du!

Weißt du, das Einzige, was uns eigentlich rettet, ist Achtsamkeit und das Bewusstsein darüber, wann ich anfange, diese Grenze zu überschreiten. Weil dann ist es irgendwann gar nicht mehr nötig, irgendeine Atemübung oder Entspannungsübung zu machen, weil du es nie übertreibst. Du bist in einem guten Bezug zu dir selbst. Du kennst dich und weißt, wann es zu viel ist und wann es zu wenig ist. Langeweile, dick sein und so ist auch nicht besser als müde, abgekämpft und ausgemerzt. Wir müssen also viel präsenter im Hier und Jetzt sein und Möglichkeiten finden, um den aktuellen Gefühlen Raum geben zu können, und zwar überall dort, wo diese Gefühle auftauchen. Wir müssen nicht gleich einen Platz zum Schlafen haben, versteh mich nicht falsch.

Wir benötigen nur einen inneren Raum, in den ich mich mal kurz zurückziehen kann. Natürlich, du kannst auch mal eine Minute auf die Toilette gehen und kurz die Augen schließen, dennoch wirst du auch dort in eine Art Innenraum gehen, wo du versuchst, dich kurz auszuruhen. Wir nennen das „Innehalten", „Innenschau" „Rückzug" usw. Es bedarf nur einen Augenblick Aufmerksamkeit auf das, was gerade ist und nach schon wenigen Minuten fühle ich mich wieder etwas frischer und wacher. Probiere es ruhig mal aus!"

Marion fragt: „Bei mir ist es so, dass ich, wenn ich nach 20.00 Uhr meditiere, dann einfach zu müde bin und einschlafe. Was kann ich denn tun, um wach zu bleiben? Stehe ich auf und laufe etwas herum? Kann ich im Laufen meditieren oder Atemübungen machen? Weil, das Sitzen und das Zuhören der Anleitung ist eine zusätzliche Anstrengung für meinen Geist, was mich tatsächlich einschlafen lässt."

Karsten: „Danke Marion, wir müssen natürlich tiefer gehen. Ich meine, das Müde sein ist bereits ein Anzeichen für etwas, eine Art Symptom. Wovon ein Symptom? Von einer Überlastung. Wir sind im Alltag nicht achtsam genug, weil äußere Dinge unsere Aufmerksamkeit zu sehr beanspruchen, um den Beginn einer Erschöpfung zu bemerken. Eine bestimmte Tätigkeit überfordert mich. Vielleicht ist es nicht unbedingt die Tätigkeit, die ich wirklich gerne mache, sondern die, die ich machen muss, um Geld zu verdienen. Wenn ich etwas tue, was mir keine Freude bereitet, dann ist es doch normal, dass mich das erschöpft, oder? Ich tue für Geld etwas Bestimmtes, etwas, das ich normalerweise gar nicht machen würde.

Wenn du mir für das Erledigen der Buchhaltung Pflaumen geben würdest, würde ich sagen, dass du deine Pflaumen behalten kannst. Da du mir aber Geld gibst, das ich für das Studium meiner Tochter benötige, werde ich die Buchhaltung machen, auch wenn es mir keinen

Spaß macht. Was muss das muss! Sag man doch so, oder? (Karsten lacht). Wenn wir diese Nötigung weitertreiben, dieses Spielchen weiter so spielen, dann schleicht sich im Hintergrund eine tiefe Unzufriedenheit ein, die sich wie Erschöpfung anfühlt.

Denk doch mal kurz an früher, als du in die Schule gingst und vielleicht gar keine Lust auf Schule hattest. Es war furchtbar, oder? Jeden Tag dasitzen, jemandem zuhören, der da vorne etwas erzählt, Tests schreiben, Hausaufgaben machen, lernen usw. Vielen Kindern macht die Schule keinen Spaß, nicht nur, weil sie lernen müssen, vielleicht auch, weil es da ein paar Jungs gibt, die einen jeden Tag ärgern.

Am liebsten würde man morgens im Bett liegen bleiben, aber dann kam sie. Das nette Mädchen aus der Klasse nebenan. Oder der smarte Junge mit den schönen Haaren, der dich beim letzten Mal gefragt hat, ob du nach der Schule mit ihm zusammen zum Bus gehen magst. Wie war das jetzt, mit der Schule und dem Aufstehen morgens? Manchmal konnte man es gar nicht abwarten, dass man endlich in die Schule konnte. Man war sogar vor dem Wecker wach und bereits angezogen. Die Motivation war eine ganz andere. Es gab etwas Interessantes zu erleben, nicht diese gähnende Langeweile wie sonst immer. Der Unterricht war zwar immer noch langweilig, aber man konnte es aushalten, weil es ein Ziel gab. Das Mädchen oder der Junge von nebenan.

Denk mal an die Tage vor Weihnachten. Viele Kinder können einfach nicht schlafen, und die wollen auch gar nicht schlafen und die sind auch überhaupt nicht müde, weil sie es gar nicht abwarten können, die Geschenke auszupacken. Das bedeutet, dass ganz viel von unserer Motivation abhängt, also davon, was uns letztendlich antreibt.
Und wir gehen in der Meditationsausbildung tatsächlich auf die Frage ein: „Was begeistert dich? Was gibt dir einen Kick?

Worauf hast du Lust? Was möchtest du unbedingt mal machen? Bei was spürst du ein Kribbeln im Bauch? Wobei spürst du Euphorie?"

Wir stellen uns diese Frage, um wieder wach zu werden, um wieder Energie zu fühlen. Um der Trance des Alltags und der Gewohnheit zu entkommen, und wir machen das auch, um die Aufmerksamkeit mal wieder auf etwas Interessantes zu verlagern. Das bedeutet nicht, dass wir all die Dinge machen müssen, die uns begeistern. Es ist aber gut, mal wieder drüber nachzudenken. So viele Menschen haben ihre Träume aufgegeben, weil der oder die Lehrerin gesagt hat, träum nicht rum. Eigentlich können wir gar nicht müde sein, weil wir Energiewesen sind. Die Frage ist nur, wohin fließt deine dir zur Verfügung stehende Energie? In das, was du gerne machst, oder in das, was dich müde macht? Tust du Dinge, die dir Energie geben oder dir Energie nehmen?

Ich kann zum Beispiel den ganzen Tag hier mit dir reden; vielleicht brauch ich irgendwann mal eine körperliche Erholung, weil ich die ganze Zeit sitze und der Körper irgendwie Nahrung braucht oder etwas zu trinken, aber mein Geist ist wach und im Grunde können wir das hier tagelang machen. Warum? Weil's mich begeistert! Weil mich das interessiert. Ich liebe die Themen Meditation, Bewusstsein, Spiritualität, Wahrnehmung und so. Ich habe bis zu meinem 30. Lebensjahr kein einziges Buch gelesen. Lesen hat mich null interessiert, gar nicht. Ich konnte nicht verstehen, wie man ein Buch lesen kann. Und dann lag da bei meinem Kumpel Lothar im Schwarzwald ein Buch auf der Toilette. „Der Weise vom Berg Arunachala". Ich blätterte und las darin rum und irgendetwas machte das in mir. Die Aussagen des Maharshi konnte ich nachvollziehen. Ich verstand, wovon er sprach. Von da an habe ich innerhalb eines halben Jahres über 30 Bücher zum Thema gelesen. Alles, was es Aktuelles in der Buchhandlung gab. Eckhart Tolle, Josef Murphy, Napoleon Hill, Joe Dispenza, John de Ruiter und viele mehr. Auf einmal war Interesse für etwas da.

Zurück zu den Fragen: „Wie halte ich mich dennoch wach?", „Kann ich Atemübungen machen?" Natürlich! Die kannst du machen, die bringen dich zurück in die Realität, aber es ist ein bisschen so, dass es nur ein Mittel zum Zweck ist. Es hilft immer wieder, aber löst das Problem nicht auf. Du veränderst ja nicht den Grund der Müdigkeit.

Um die Müdigkeit verändern zu können, muss du jetzt nicht unbedingt deinen Job kündigen und dir eine Arbeit suchen, die dir Spaß macht. Es geht darum, dich zu verändern, deine Einstellung, deine Anschauungen, deine Muster, dein Verhalten, deine Aufmerksamkeit, dein Bewusstsein.

Dafür meditieren wir ja letztendlich. Wir wollen mehr Erkenntnisse über uns erlangen, sodass wir uns verändern können und sich nicht unbedingt eine Situation verändern muss. Denn das könnte durchaus sehr lange dauern, bis die anderen sich dahin verändern, dass es dir recht ist. Wir warten nicht darauf, dass die äußeren Umstände sich so verändern, dass wir uns besser fühlen. Denn dann halte ich mich ständig in einer Co-Abhängigkeit auf. Nach dem Motto: „Wenn deine Laune besser wäre, dann würde es mir auch besser gehen.", „Wenn du nicht immer rummeckern würdest, dann wäre ich auch gelassener.", „Wenn du nicht immer Fußball gucken würdest, dann könnte ich auch mal was erleben.", oder „Wenn du im Job mal mehr verdienen würdest, dann könnten wir auch in ein Haus ziehen."

Nein, wir wollen solche Abhängigkeiten reduzieren und mehr wir selbst sein. „Meine guten Gefühle hängen davon ab, dass ich mich mag.", „Deine Laune kontrolliert nicht, wie ich über mich selbst empfinde.", „Was ich erleben möchte, entscheide ich selbst, auch wenn das bedeutet, dass du nicht dabei sein wirst". Natürlich wollen wir nicht allzu egoistisch werden und auch die Bedürfnisse des Partners oder so miteinbeziehen.

Wir wollen aber nicht abhängig von den Gefühlen der anderen werden. Wir sind die Quelle unserer Empfindungen. Sie kommen in uns vor. Wir fühlen, wir nehmen wahr, wir empfinden etwas. Alles geschieht in erster Linie in uns selbst. Wir sind die Quelle des Seins."

Miriam: „Super schön! Ich finde das ist ein sehr schönes Bild mit der Quelle, weil das ja auch wieder mit der Atmung zu tun hat. Das ist ja auch die Quelle, aus der die Energie dann fließt."

Karsten: „Absolut! Wir sind die Quelle des Lebens! Du bist der Schöpfer von alledem! Schau dich zu Hause um. Wer hat die Bilder aufgehängt? Wer hat die Klamotten gekauft? Wer hat das so gestaltet, wie das gerade da aussieht, wo du sitzt? Wer hat den Computer eingeschaltet?

Wer hat angefangen, sich für Meditation zu interessieren? Du kreierst ständig, die ganze Zeit! Wir sind praktisch ständig am Erschaffen! Natürlich, wir erschaffen auch das Leid und die Probleme in irgendeiner Art, indem ich etwas tue und gleichzeitig sage: „Diese blöde Arbeit! Hab ich gar keinen Bock drauf!" Wenn du das fünfzigmal tust, fünfzig Tage lang, na, wie fühlt man sich denn dann am Ende?

Wir kreieren alles zur gleichen Zeit, ständig! Und wir wollen uns jetzt in der Meditation bewusst darüber werden, was wir erschaffen, durch die Art, wie wir denken oder handeln. Es geht um Selbstbewusstsein. Sich seiner selbst bewusst sein."

Claudia fragt: „Ich habe eine Frage zum Thema Erholung und Müdigkeit. Zu einer guten Gesundheit gehört ja auch ausgiebiger Schlaf. Wenn ich beispielsweise morgens um fünf Uhr meditiere, dann habe ich ja automatisch weniger Schlaf und kann mich weniger erholen."

Karsten: „Danke für deine Frage, Claudia. Schauen wir uns das mal an. Allein die Idee oder der Gedanke, dass ich mich erholen muss, wenn ich morgens um fünf Uhr meditiere, beinhaltet ja schon die Vorstellung, dass ich zu wenig Schlaf haben werde und abends wahrscheinlich erschöpft bin, stimmt`s?

Obwohl du noch den ganzen Tag vor dir hast und gar nicht weißt, wie der Tag für dich ablaufen wird, gehst du schon davon aus, dass du wahrscheinlich erschöpft sein wirst. Es ist also eine vage Vorstellung von dem, wie du bist oder wie du sein wirst, wenn der Tag vorüber ist. Nämlich erschöpft, weil du so früh aufgestanden bist, um zu meditieren.

Stimmt diese vage Vermutung denn wirklich? Wirst du abends erschöpft sein? Wir Menschen reagieren meist auf die Erfahrungen unserer Vergangenheit. Wir gehen davon aus, dass wir uns gut genug kennen, um behaupten zu können, dass eine bestimmte Sache aus der Vergangenheit in der Zukunft auch so geschehen wird.

Wir projizieren die Vergangenheit auf die Zukunft, ohne dem gegenwärtigen Augenblick Raum für Kreativität zu geben. „Ich war bisher oft müde, wenn ich morgens um fünf Uhr meditiert habe". „Deswegen wird es heute Abend sicher auch so sein." Was aber ist, wenn du heute Nachmittag eine Gehaltserhöhung bekommst, du deinen Traummann kennenlernst, es heute 25 Grad warm und sonnig wird? Wirst du dann an Müdigkeit denken? Ja, vielleicht, könntest du sagen. Aber weißt du es auch?

Wir handeln einfach immer wieder aus den Erfahrungen der Vergangenheit heraus und projizieren sie auf die Zukunft. Das bezeichnen wir dann als Wahrheit. Im Grunde könnten wir alle Weissager/innen werden.

Wie wäre es, wenn du den Tag, trotz morgendlicher Meditation, einfach auf dich zukommen lässt und dir selbst das Vertrauen schenkst, dass du in jedem Augenblick wach und klar sein wirst, sodass es zu gar keiner Erschöpfung kommen kann, weil du nichts tun wirst, was dich überfordert. Wenn du sozusagen in die Eigenverantwortung gehst, du dir selbst gegenüber achtsam bist und bleibst und immer so entscheidest, dass du dir und anderen keinen Schaden zufügst. Schaden im Sinne von: übertreiben, lügen, eine Maske tragen, so tun also ob, ja statt nein sagen usw.

Ich meine, es sollte doch immer so sein, dass wir uns selbst gegenüber sehr achtsam und ehrlich sind. Denn wenn wir genervt, erschöpft oder gereizt sind, dann sind wir für andere eher ein Hindernis, statt eine Inspiration, oder? Du möchtest doch auch mit niemandem zu tun haben, der ständig rumjammert, sich aufregt, andere belügt, beleidigt und immer nur so tut, als ob. Das wünschen wir weder jemanden anderem, noch sollten wir uns selbst belügen.

Wenn du darauf vertraust, dass du den ganzen Tag über achtsam sein wirst, dann kann dir nichts schaden. Wenn du den ganzen Tag über bewusst bleibst, dann kann dir keine gute Gelegenheit entgehen. Wenn du den ganzen Tag über aufmerksam bleibst, dann weißt du in jedem Augenblick, was das Richtige für dich und für andere ist. Durch dein Vertrauen bist du ständig mit der Quelle des Lebens verbunden. Mit dem großen Ganzen, dem Universum oder wie du es nennen möchtest.

Ich weiß, wir können uns leider nicht immer aussuchen, dass wir nur an uns denken. Aber wir können auf uns achten. Auch wenn du acht oder zehn Stunden am Tag arbeiten musst und nur 30 Minuten Pause hast.

Das ist total unmenschlich. Ich verstehe das. Aber du hast ja noch die Aussicht auf Urlaub, auf Rente, ein Leben nach der Arbeit und so. Ist das nicht toll, dass man dir das gewährt?

Du merkst es schon, ich mache Spaß. Ich finde es schrecklich, nicht selbständig zu sein und nach seinem eigenen Biorhythmus leben und arbeiten zu können. Es wäre viel lebenswerter für alle Menschen, wenn sie genügend Selbstdisziplin, Interesse und Kreativität aufbringen könnten, um sich ihr Geld mit einer Tätigkeit verdienen zu können, die sie begeistert und motiviert. Wenn du das tun würdest, was dir wirklich Freude macht, was dich inspiriert, dich begeistert oder tatsächlich interessiert, dann wärest du nie erschöpft. Du wärest jeden Tag voller Energie, weil dein Leben einen Sinn hat. Nämlich den Sinn, den das Leben nun mal hat, nämlich in vollen Zügen zu leben. Das ist doch der Sinn des Lebens, oder? Zu leben! Nicht zu arbeiten, zu malochen oder zu schaffen.

Viel schöner ist es, sich zu etwas berufen zu fühlen. Etwas, was dir einen Kick gibt, wovon du gar nicht genug bekommen kannst. Solch eine Person steht morgens nicht auf und denkt: „Verdammt, muss ich wieder zu dieser schei… Arbeit."

Wenn du voller Begeisterung für etwas bist, dann fließt dir Energie in unendlicher Menge zu. Wenn du etwas tust, was dich ermüdet oder erschöpft, dann bist du nicht im Flow des Lebens und es lohnt sich, das zu überprüfen. Was begeistert dich? Was spornt dich an? Was motiviert dich? Was gibt dir einen Kick? Was würdest du jeden Tag tun können, ohne dafür Geld zu erhalten? Was machst du jeden Tag von dir aus, weil du einfach Freude daran hast? Ich empfehle dir, diese Fragen zu beantworten, um die Lebensenergie in dir zu wecken.

Was findest du großartig? Was fasziniert dich? Ganz egal, wie die Antworten lauten, sie wecken auf jeden Fall Energie in dir. Lebensenergie! Es ist besser, sich einzugestehen, was man wirklich will, als falsche Bescheidenheit an den Tag zu legen und ständig nur so zu tun, als ob etwas Spaß machen würde. Wir sollten uns selbst gegenüber am ehrlichsten sein.

Ich will nicht sagen, dass du deinen Job verlassen sollst. Aber vielleicht magst du dir selbst gegenüber zunächst einmal eingestehen, was dich nervt und was dich begeistert. Einfach nur, um wieder fühlen zu können, was sich gut und was sich schlecht anfühlt. Mit der Zeit kannst du ja beginnen, diesen Gefühlen zu vertrauen. Wenn du nicht bereits in der Meditationsausbildung wärest, Claudia, würde ich dir anbieten, dir unsere Leseprobe der Meditationsausbildung downzuloaden." (Karsten lacht).

Marion fragt: „Ich habe eine Frage zu der Quelle, von der du sprachst. Du sagtest, die Quelle, das Universum, das Ganze. Schöpfen wir alle aus derselben Quelle?"

Karsten: „Na sicher! Wir leben alle jetzt, oder nicht? Die Quelle ist das Leben selbst! Das Leben selbst ist die Quelle! Du wärst nicht hier, wenn das Leben nicht da wäre. Es ist eigentlich fürchterlich, etwas zu zerstören, was lebt, denn du schneidest immer ein Stück von dem ab, was auch dich am Leben erhält. Und das ist natürlich nicht gut für uns, denn wir sind Teil dieses Lebens und möchten auch nicht zerstört werden. Stell dir vor, es käme ein Virus, der was dagegen hätte, dass du lebst, oder der Hunger hat und sich von deinen Innereien ernährt. Wir können nicht einfach sagen, das hat ein Recht zu leben und das nicht. Wir sind bewusste Menschen. Wir sind seit 20 oder 30 Jahren nicht mehr auf das Essen von Tieren angewiesen. Wir können es tun, aber nötig wäre es nicht.

Bitte verstehe, worum es mir geht. Es geht um das Leben, nicht darum, ob Fleisch-Essen okay ist oder nicht. Es geht darum, ob du das Leben förderst, unterstützt und akzeptierst oder, ob du das Leben vernichtest, ihm widerstrebst oder dem Tod dienst. Ich weiß, das klingt krass, aber wenn ich eine Biene töte, nur weil ich genervt bin und ich nicht in Ruhe mein Eis essen kann, dann erschlage ich die Biene einfach mit der Eiskarte und in diesem Augenblick diene ich ganz sicherlich nicht dem Erhalt des Lebens. Wir tun ja immer so, als wäre die Biene am falschen Ort, wenn ich dort in Ruhe mein Eis essen möchte. Ich glaube, dass die Bienen schon da waren, bevor dort eine Eisdiele aufgemacht hat. Außerdem finden Bienen den Zucker genauso toll wie wir.

Ich persönlich habe keine Angst vor dem Tod, aber solange ich lebe, möchte ich das Leben fördern. Genauso wie ich die Gesundheit fördern möchte, einen reinen Geist und einen gesunden Körper. Jede Beschäftigung mit dem Gegenteil lenkt die Aufmerksamkeit weg vom Leben. Und da Energie der Aufmerksamkeit folgt, ist es meines Erachtens wichtig zu wissen, worauf ich meine Aufmerksamkeit lenke. Wenn ich lange leben möchte, muss ich etwas für das Leben tun. Und das ist überhaupt nicht schwierig. Ich mache mir einfach bewusst, welche Auswirkungen meine Handlungen haben und worauf der Fokus meiner Aufmerksamkeit gerichtet ist."

Miriam: „Es gibt noch eine ganz pragmatische Frage, und zwar zur Sitzposition oder Meditationshaltung: Wie ist denn die Haltung, in der ich am besten meditieren kann?"

Karsten: „Ich denke, dass wir uns einig darüber sind, dass man im Liegen einschläft, wenn man längere Zeit meditieren möchte. Wobei, wenn ich liege und ich mir eine angeleitete Meditation mit Suggestionen und schöner Musik anhöre, dann bezeichnen wir das in unserer Meditationsausbildung nicht wirklich als Meditation. Leider wird das Wort Meditation für alle möglichen entspannenden Dinge benutzt. Aber entspannen, visualisieren, sich etwas vorstellen oder einer Geschichte folgen ist ja nicht wirklich Meditation. Ich meine, ich habe das Wort Meditation nicht kreiert, wir müssten schon denjenigen oder diejenige fragen, die oder der es erfunden hat, um zu wissen, was damit gemeint ist. Aber meines Wissens bedeutet Meditation nachsinnen, nachdenken oder kontemplieren.

Ich denke, dass zum Meditieren ein Bewusstsein anwesend sein muss, um mitzubekommen, was gerade geschieht. Ein Beobachter oder eine Beobachterin sozusagen. Wenn ich Meditationsmusik höre, dann schlafe ich vielleicht ein und in diesem Augenblick träume ich vielleicht etwas, kann aber in den Traum nicht eingreifen, um ihn bewusst zu verändern. Jedenfalls so lange noch nicht, bis das Wachbewusstsein stabil genug ist, um in die Schichten des Unbewussten eindringen zu können, ohne selbst unbewusst zu werden. Ohne sich als Bewusstsein mit dem zu identifizieren, was man beobachtet. Das bedeutet, du musst wach und frisch genug sein, um zu erkennen, was bisher alles auf unbewusster Ebene abläuft. Es sind ja die unbewussten Dinge, die immer wieder Sachen in unser Leben ziehen, die wir gar nicht wollen. Wäre es uns bewusst, würden wir es nicht zulassen, oder? Also laufen viele Verhaltens- und Glaubensmuster unbewusst ab. Die Meditation hilft uns, diese Dinge ins Bewusstsein zu bringen.

Wenn sie uns dann bewusst geworden sind, dann fahren wir mit dem Geistestraining fort. Dieses Geistestraining findet in einer Art meditativem Raum statt. Dieser meditative Raum ist kein äußerer materieller Raum, sondern ein bestimmter Bewusstseinszustand, der uns erlaubt, im eigenen Inneren handeln zu können. Dieses innere Handeln findet während der Selbstreflektion statt und wird Selbstregulierung genannt. Anhand der Erkenntnisse, die du während deiner inneren Beobachtungen im meditativen Gewahrsein gemacht hast, schließt du Rückschlüsse darauf und sinnst darüber nach, ob dieses oder jenes Verhaltens- oder Glaubensmuster noch den aktuellen Anforderungen entspricht. Wie gesagt handeln wir meist aus der Vergangenheit heraus, also aus dem Unterbewusstsein heraus, wo diese bestimmte Erfahrung aus der Vergangenheit gespeichert ist.

Jetzt dringen wir durch die Meditation mit unserem Wachbewusstsein in diesen unterbewussten Bereich ein und überprüfen, ob diese abgespeicherte Erfahrung noch in die heutige Zeit passt, in das Hier und Jetzt. Wenn nicht, dann ändern wir bewusst dieses Verhalten und ersetzten es vielleicht durch Neugier, durch Offenheit, durch Interesse, oder wir lassen es neutral. Das führt dazu, dass wir im ganz normalen Alltag in einer ähnlichen Situation wie bei einer aus der Vergangenheit anders reagieren als sonst. Wir sind uns ja des alten Verhaltens bewusst geworden und jetzt, wo die Situation wieder eintrifft, entscheiden wir uns, anders zu handeln.

Das verändert nicht nur uns selbst, sondern auch das Umfeld, weil du nicht mehr wie gewohnt, wie immer reagierst. Da wird sogar dein Gegenüber überrascht sein. Das führt zu ganz anderen Ergebnissen als die uns bekannten. Man könnte fast behaupten, dass du mit einer neuen Reaktion eine neue Welt kreiert hast. Ist das nicht wunderbar?

Ich habe durch neue Reaktionen so viele unglaubliche neue Dinge erlebt, dass es mir fast schon Spaß macht, mal anders zu reagieren als üblich. Probier es doch auch mal aus. Mach mal was Neues!" (Karsten lacht).

– KAPITEL 5 –

Den inneren Keller aufräumen

Miriam „Gerade jetzt wo ein neues Jahr vor uns liegt und wir ja alle Möglichkeiten haben, uns wieder neu auszurichten (das haben wir ja eigentlich immer): Wie schaffe ich es am besten, Wichtiges von Unwichtigem zu unterscheiden?"

Karsten: „Wenn ich zwei Dinge unterscheiden möchte, wie Wichtiges von Unwichtigem, dann brauche ich letztendlich einen Grund, warum ich etwas unterscheiden möchte. Dadurch, dass ich etwas unterscheiden möchte, möchte ich mich vielleicht von etwas trennen, verabschieden oder etwas erreichen. Was es auch sei, es steckt auf jeden Fall irgendein Grund dahinter.

Wenn ich mich frage, was ist wichtig und was ist unwichtig, wofür brauche dann die Unterteilung von wichtig und unwichtig? Es soll ja für irgendetwas gut sein. „Ich mache jetzt weniger von diesem und mehr von dem …" Hinter dieser Vorgehensweise steckt die Idee, dass ich mich mehr auf dieses konzentrieren sollte und weniger auf jenes. Warum tue ich das? Damit ich mehr Kapazität, mehr Energie, mehr Aufmerksamkeit für die für mich wichtigeren und interessanteren

Dinge habe, damit ich zum Beispiel erfolgreicher werde oder abnehmen kann oder mich von einer Person leichter trennen kann. Wenn ich sage, ich möchte als Meditationstrainer/in erfolgreich werden, dann muss ich meine Aufmerksamkeit mehr auf die Handlungen und Gedankengänge richten, die mit Erfolg zu tun haben. Also muss ich alle Dinge, die in Bezug dazu unwichtig sind, hinter mir lassen oder einfach sein lassen. Und ich muss mehr von den Dingen tun, die in Richtung meines Vorhabens gehen, nämlich, ein/e erfolgreiche/r Meditationstrainer/in zu werden.

Aus diesem Grund ist diese Übung in unserer Meditationsausbildung so wichtig. Wenn Du zum Beispiel ein Buch schreiben möchtest, du dich die nächsten Tage aber regelmäßig besäufst, dann muss dein Körper sich regenerieren und du hast weniger Energie für die Konzentration auf das eigentliche Ziel zur Verfügung, nämlich ein Buch schreiben zu wollen. Vielleicht möchtest du dich von deiner/deinem Partner/in trennen, schaffst es aber nicht, weil deine gedankliche Konzentration immer auf das gerichtet ist, was du verlieren könntest, anstatt auf das, was du durch die Trennung gewinnen könntest."

Miriam: „Was hat die Unterteilung von wichtig und unwichtig mit Meditation zu tun?"

Karsten: „Wir Menschen sind darauf programmiert, uns selbst finden zu wollen. Wer bin ich? Was macht mich aus? Was ist der Sinn meines Lebens? Was tut mir gut? Wovon trenne ich mich besser? Was sollte ich sein lassen? Warum lasse ich mir das immer wieder gefallen usw. Das alles ist im Grunde die Suche auf die Frage: Wer bin ich?

Vor kurzem habe ich erwähnt, dass ich weniger TV und YouTube schauen möchte, weil ich herausfinden will, was unabhängig von den Medien als Information durch mich durchfließt.

Was nehme ich wahr, wenn ich nicht durch die Medien beeinflusst werde? Ich möchte gerne wissen, wo meine eigene Informationsquelle ist. Ob es möglich ist, Informationen zu erhalten, die wichtig für mich sind.

Weil ganz ehrlich gesagt, gibt es in den Medien sehr viele Informationen, die überhaupt nichts mit meinen Lebenszielen oder Visionen zu tun haben. Äußerst wenig hat mit meinem persönlichen Leben zu tun. Ich will damit nicht sagen, dass mich der Rest der Welt nicht interessiert, aber ich muss mir das nicht jede halbe Stunde anhören, weil ich durch das regelmäßige Meditieren weiß, dass unser Geist von solchen Dingen beeinflusst wird. Also möchte ich herausfinden, wer ich unabhängig von diesen Informationen bin. Ich unterscheide einfach Wichtiges von Unwichtigem in Bezug auf mein eigenes Selbst.

Erinnerst du dich an die Meditation zum Jahresabschluss? Dort haben wir die Quelle unseres Seins gespürt. Wir haben einen kurzen Einblick in das selbstlose Ich erhalten. Ein Zustand, in den nichts von außen in dich einfließt. Ganz im Gegenteil, alles fließt aus dir heraus. Der Zugang der Kreativität hatte sich geöffnet. Für einen Augenblick lang waren wir der Ausdruck der kreativen Energie. Wir waren die Kreativität selbst, was dazu geführt hat, dass wir genau wussten, was wir wollen und was nicht."

Miriam: „Karsten, in deiner Ausbildung zur Kursanleiterin für Meditation haben wir über den Raum zwischen Reiz und Reaktion gesprochen. Wie schaffe ich es, meine Reaktionen auf einen Reiz zu vermindern? Die Medien zum Beispiel: es kommt ein Impuls rein, wir klicken etwas an, oder wir lesen etwas in der Zeitung, das uns triggert. Wie schaffen wir es, mehr bei uns zu bleiben, den Reiz dort sein zu lassen, wo er ist und nicht direkt zu reagieren?"

Karsten: „Genau, wir fangen erst einmal an, es auf Verstandesebene zu verstehen. Wir müssen mit dem Verstand erkennen, was überhaupt in uns geschieht. Wie kommt es dazu, dass ich auf einen Reiz, ohne zu überlegen, reagiere? Warum gibt es nur wenig Spielraum zwischen einem Reiz und der darauf folgenden Reaktion?

Es ist kein Spielraum da, das heißt, es ist kein bewusst Wahrnehmender da, der erkennt, was gerade geschieht. Es gibt zwischen Reiz und Reaktion keinen Spalt, kein bewusstes „Da-Sein", was in irgendeiner Art eine Wahl hätte, um irgendeine Entscheidung treffen zu können. Warum ist das so?

Weil wir zwei verschiedene Bewusstseinsebenen haben, einmal das aktive, präsente im Augenblick sich bewegende Bewusstsein, also das Bewusstsein, das dir sagt: „Ah, gerade lese ich diese Zeilen". Ich weiß also, was ich in diesem Moment mache. Ich schaue gerade auf den Monitor oder aus dem Fenster oder einen netten Mann an. Das mache ich sehr bewusst, aber da unten, meine Füße, die gerade kalt sind, das nehme ich nicht direkt wahr, aber mein Unterbewusstsein nimmt es wahr und deshalb bewege ich meine Füße, ohne es tatsächlich mitzubekommen. Es könnte zum Beispiel sein, dass ich jetzt mit dir rede und unbewusst meine Beine bewege, weil etwas in mir gemerkt hat, dass meine Füße kalt werden.

Aber mein aktives, präsentes Bewusstsein war nicht da unten bei meinen Füßen, sondern bei dir, bei unserem Gespräch. Das ist mein bewusster Teil, der gerade bei dir ist und zur gleichen Zeit laufen unendlich viele andere Dinge ab, die ich nicht bemerke, weil meine zur Verfügung stehende Aufmerksamkeit bei dir ist.

Wenn wir ein intensives Gespräch führen, bei dem zum Beispiel auch ärgerliche Emotionen beteiligt sind, und ich in diesem Augenblick eine

Spinne auf dem Boden laufen sehen, dann kann es sein, dass ich sie einfach tottrete, ohne bewusst darüber nachgedacht zu haben. Die Spinne kam also in mein Blickfeld und aufgrund meiner Emotionen trete ich sie einfach tot.

Das Gespräch mit dir ist anstrengend, weil du mich kritisierst und weil mich das wütend macht. Ich lasse ich meine Emotionen, ohne nachzudenken, an der Spinne aus, indem ich sie töte.

Wäre zwischen dem Reiz (du kritisierst mich und ich werde wütend) ein Zwischenraum, dann würde ich meine Emotion nicht an der Spinne abladen (Reaktion).

Wenn wir nachdenken, dann ist unsere bewusste Kapazität beim Denken. Wenn wir emotional sind, dann ist unsere bewusste Kapazität bei den Emotionen. Wir können nicht wahrnehmen, was sonst noch in uns geschieht oder um uns herum, weil wir bereits Mühe genug damit haben, über das Gesagte nachzudenken oder das Gefühlte fühlen zu können. Durch das Training in der Kunst der Meditationen lernen wir jedoch, aufmerksam zu werden. Wir bauen die Kapazität, mehr mitzubekommen, also bewusster zu werden, aus."

Miriam: „Und was ist das Unterbewusstsein?"

Karsten: „Das Unterbewusstsein ist sozusagen unser Autopilot. Wie beim Autofahren zum Beispiel. Wir können durchaus Autofahren und uns dabei miteinander unterhalten. Der bewusste aktive und präsente Teil in uns ist auf das Gespräch fokussiert und das Unterbewusstsein kuppelt und schaltet. Wenn aber jetzt plötzlich ein Baumstamm auf der Straße liegt, wird in Millisekundenschnelle der Fokus der Aufmerksamkeit vom Gespräch abgezogen und der bewusste und aktive Teil unseres Bewusstseins übernimmt wieder die Kontrolle.

Solltest du ein paar Mal ein Fahrtraining absolviert haben, dann ist das Ausweichmanöver zum Teil sogar schon in deinem Unterbewusstsein abgespeichert.

Das Unterbewusstsein ist wie ein Lager, in dem wir alles Gelernte abgespeichert haben. Deswegen wirkt Hypnose so gut. Das Unterbewusstsein ist programmierbar. Wenn Hypnose oft genug angewendet wird, kann das Unterbewusstsein programmiert oder umprogrammiert werden.

Wenn du das Autofahren im Rechtsverkehr gewohnt bist, dann dauert es ein paar Tage, bis du dich an den Linksverkehr gewöhnt hast. Irgendwann hast du es „drin" oder „drauf", jedenfalls beherrschst du es irgendwann. Alles eine Frage der Gewohnheit.

Genauso wie das Verhalten unserer Mutter oder unseres Vaters, welches wir uns als Kind abgeschaut und angewöhnt haben. Ebenso die Gewohnheiten unserer Freunde und Lehrer und sogar, das was uns die Außenwelt über die Nachrichten oder sozialen Medien mitteilt. Es ist wirklich spannend, herausfinden zu wollen, wer du wirklich bist. Ohne die ganzen Gewohnheiten, Glaubenssätze und Verhaltensmuster, die wir uns abgeschaut und angeeignet haben.

Wir laufen zum größten Teil unbewusst durch diese Welt. Das meiste ist Gewohnheit und deswegen gibt es zwischen Reiz und Reaktion meist nur ein Gewohnheitsmuster und keine wirkliche Kreativität. Wir reagieren aus der Gewohnheit heraus und lassen uns selbst keine Wahl, einen Augenblick lang innezuhalten, um ein neues Verhalten zu kreieren. Tatsächlich hat unser Geist sich eine Art Trägheit angewöhnt. Wir reagieren lieber immer wieder gleich auf sich wiederholende Reize.

Alles ist wieder voller Zahnpaste. Immer musst du den Müll rausbringen. Scheinbar erwischt es immer wieder dich, das Kopierpapier nachzulegen. All diese Sachen ärgern uns immer wieder von Neuem. Meditation würde jetzt bedeuten, dass du dir deines Ärgers bewusst wirst und darüber nachdenkst, ob du dich weiterhin von diesen äußeren Umständen beeinflussen lassen möchtest, oder ob du künftig mit einem neuen Verhalten reagieren möchtest. Bevor du das nächste Mal kurz vor der gleichen Reaktion stehst, hältst du einen winzig kleinen Augenblick lang inne. Du erschaffst einen Zwischenraum in deinem Verhalten. Es gibt jetzt jemanden, der sich der ganzen bisher automatisch ablaufenden Geschichte bewusst wird: nämlich Du!

Dein Ich, Dein Sein ist jetzt da und erkennt: Hör mal, in mir laufen total viele Sachen einfach automatisch ab! Immer, wenn das Kopierpapier leer ist, werde ich wütend. Wie kann denn das sein?

Man kann eigentlich sagen: Wir brauchen unbedingt Meditation! Wir brauchen Bewusstsein, ansonsten läuft alles weiterhin automatisch ab. Immer weiter. Die ganze Zeit. Das ist im Grunde kein Problem, aber irgendwie sind wir nie richtig dabei. Nie richtig aufmerksam. Und das kann doch kein bewusstes Leben sein, wenn wir reagieren wie programmierte Roboter. Und vielleicht passen einige der Verhaltensweisen gar nicht mehr in die heutige Zeit. Damals, mit 16 Jahren war es vielleicht gut, eingeschnappt zu sein, wenn Mama nicht wollte, dass ich nach 22:00 Uhr nach Hause komme. Aber heute bin ich erwachsen und selbst vielleicht schon Mutter. Ich kann nach Hause gehen, wann ich möchte und muss nicht mehr eingeschnappt sein, wenn mir jemand sagt, was ich zu tun habe oder nicht."

Miriam: „Wie kann ich einen Raum zwischen Reiz und Reaktion kreieren?"

Karsten: „Eigentlich nur durch Bewusstwerdung. Und was ist Bewusstwerdung? Achtsamkeit. Ich muss alles ein bisschen langsamer machen. Ein bisschen ruhiger. Nicht so hektisch. Nicht so schnell. Ansonsten schaltet sich der Autopilot wieder ein, weil du der Zeit im Grunde vorausläufst. Das Unterbewusstsein läuft auf Hochtouren, bei allem was du denkst und glaubst und fühlst. Dazu kommen die äußeren Reize. Schnelle Bilder, laute Geräusche, so viele Eindrücke wirken auf uns. Das war vor 50 Jahren noch ganz anders. Wir sind in Wirklichkeit nicht so schnell und durch die Meditation holen wir uns unsere Natur zurück. Aber du musst dir der Hektik und der Unruhe erst einmal bewusst werden. Dafür müssen wir ruhiger und achtsamer werden. Jemand muss wach sein. Du! Schau, wo deine Aufmerksamkeit ständig ist.

Atme zwei-, dreimal ein und aus, bevor du irgendwie reagierst. Na klar, das ist nicht leicht, sich plötzlich Zeit zu nehmen. Ich weiß aber auch nicht, warum du es so eilig haben könntest. Hast du noch so viel zu tun? Sind alle diese Dinge so wichtig, oder gibt es auch ein paar unwichtige Dinge, die vielleicht noch Zeit haben, bis sie erledigt werden müssen? Was ist dir wichtig und was ist zurzeit eher unwichtig?

Es ist nicht einfach, eine bewusste Veränderung hervorzurufen. Meist ändern die Menschen ihr Leben erst, wenn es um etwas geht. Wenn Krankheit überhandnimmt, die Unzufriedenheit unerträglich wird, wenn man verlassen wurde oder irgendetwas anderes. Die Wenigsten ändern ihr Leben, weil sie voller Energie sind und das Leben einfach nur feiern wollen. Muss denn wirklich immer erst etwas sein, bevor …?"

Miriam: „Hast du einen Vorschlag, wie wir bewusster werden können?"

Karsten: „Manchmal ist es sinnvoll, jemanden zu Rate zu ziehen, weil man selbst keinen Überblick auf das Große und Ganze hat. Wir stecken halt eher mittendrin und sind nicht nur einfach dabei. Jemand Außenstehendes hat meist einen größeren Rundumblick und vielleicht auch ein Gespür für den verengten Blickwinkel. Man darf ja nicht vergessen, dass man vielleicht dreißig Jahre oder sogar noch länger eher unbewusst gelebt hat. Man hat alles gar nicht so richtig mitbekommen. Am Ende scheint das Leben nur so an einem vorbeigelaufen zu sein. Schwuppdiwupp ist das Leben vorbei. Auch die sich zu eigen gemachten Programmierungen haben wir längst vergessen. Aber es gibt ja einen Punkt im Leben, wo die Programmierung aufgebaut wurde. Statt nun in der Vergangenheit zu wühlen, versuchen wir nun Bewusstsein in diesen Augenblick zu bringen. Wir bringen Achtsamkeit in diesen Moment.

Vielleicht bist du gerade aufgestanden, hast dich gewaschen, hast gefrühstückt und hast noch einen Augenblick Zeit, dich mit diesem Text zu beschäftigen. Gut so! Ich hoffe sehr, dass du nicht jeden Morgen mit schlechter Laune aufstehst oder du die Zeitung liest und dich schon wieder über die Unfähigkeit anderer Leute ärgerst. Denn wenn du das vierzig, fünfzig Mal jeden Morgen machst, dann ist Ärger am frühen Morgen irgendwann dein Standardprogramm, und dabei ist es völlig unwichtig, ob etwas Positive oder Negatives in der Zeitung steht, denn selbst Positives könnte dich dann verärgern. „Muss dieser Schleimer immer so freundlich grinsen?" „Von wegen Erleichterungen beim Rentenantrag. Die nutzen uns eh alle nur aus."

Wenn Du dreißig Jahre mit schlechter Laune aufgestanden bist, weil es dein Vater auch so jeden Morgen getan hat, dann ist die Rille, in der Du fährst, wahnsinnig tief. Irgendwann geht dieses Verhalten vom Unterbewusstsein ins Unbewusste und dann ist es auf Nimmerwiedersehen schon Teil deines Charakters geworden.

Und den Charakter zu verändern, ist auch nicht so ganz einfach, weil wir glauben, dass wir nun mal von Geburt an bestimmte Charakterzüge haben. Stimmt das?

Die Meditation hilft uns, ein paar Minuten still zu sitzen und mal nicht zu reagieren. Einfach nur sein. Nichts tun. Nichts erledigen. Noch nicht mal sich ändern müssen. Gar nichts tun. Einfach nur sitzen. Vielleicht mit Anleitung, vielleicht in einer Gruppe oder bei uns in der Ausbildung. Wir üben, einen Leerraum zwischen Reiz und Reaktion zu kreieren. Einfach mal alles geschehen lassen und schauen, was passiert gerade in mir. „Mein Rücken tut weh, ich denke über das Gespräch gestern nach, ich werde ungeduldig ...“ Und dann sagt der/die Kursanleiter/in vielleicht: „Das läuft alles im Kopf ab, das sind alles Muster und Gewohnheiten. Hab Geduld, bleib weiterhin ruhig sitzen. Warte, atme, bleib ruhig.“ Nach 20 Minuten kommen wir dann vielleicht das erste Mal an einen Punkt, wo wir für einen Augenblick Ruhe erfahren. Allein dafür hat es sich gelohnt, zwanzig Minuten nichts zu tun.“

Ilona, eine Teilnehmerin, fragt: „Wie schaue ich freundlich auf meine Vergangenheit, so dass ich es auch fühlen kann?“

Karsten: „Wir müssen uns bewusst machen, dass die Vergangenheit nicht real ist, sondern nur eine erlebte Gegebenheit, die jetzt noch im Geist gespeichert ist. Das bedeutet, dass ich noch ein bestimmtes Bild im Kopf habe — und da wir nicht zurück in die Vergangenheit reisen können, muss ich meine Ansicht zur Vergangenheit ändern. Das ist die einzige Möglichkeit, die wir haben — in der Gegenwart die Vergangenheit verändern.

Wenn mir ein klein wenig der oben genannten Kapazität von Bewusstsein zur Verfügung steht, wenn ich mich also nicht mit unnötigem Krempel beschäftige, sondern Zeit für Erkenntnisse habe, dann kann ich meinen momentanen Blick auf die Vergangenheit erkennen. Ist er positiv, negativ oder neutral? Verärgert, freundlich, kritisch, nachtragend, wütend oder voller Liebe?

Im nächsten Schritt und mit wachsendem Bewusstsein kann ich dann überlegen, ob diese Art, wie ich über die Vergangenheit nachdenke, heute noch nützlich für mich ist. „Immer, wenn ich in dieser Art und Weise über die Vergangenheit nachdenke, löst das in mir ein schlechtes Gefühl aus." Jetzt wissen wir ja, dass die Vergangenheit bereits vorüber ist. Es spielt also gar keine Rolle mehr, wie die Vergangenheit war, sondern wie du heute über sie urteilst und wie du dich mit diesem Urteil fühlst. Wenn es sich richtig und gut anfühlt, in Ordnung. Wenn deine Gefühle zu den Gedanken allerdings nicht mehr dem entsprechen, wie du dich heute gerne fühlen möchtest, dann hast du die Möglichkeit, deine Ansichten zu ändern. Vielleicht einen neuen Blickwinkel erstellen, eine neue Betrachtungsweise, neue Ansichten erzeugen oder deine Meinung ändern. Warum nicht?

Wenn du magst, dann nenne mir die Gründe, die eine Veränderung verhindern sollten. Schreib sie nieder. Befreie sie aus deinem Bewusstsein und bringe sie in Form eines Bildes, eines Textes, eines Musikstückes oder eines Tanzes zum Ausdruck. Drück sie in einer für dich machbaren Möglichkeit aus. Du wirst spüren, wie befreiend das ist."

Miriam: „Selbst mit all dem Wissen ist es schwer, die Vergangenheit loszulassen ..."

Karsten: „Genau, richtig. Es ist das, was ich eben gesagt habe. Da ist ein Trainingsprogramm dahinter, was lange eingehalten wurde und was lange ausgeübt wurde, und das kann so krass sein, dass man gar keine Lust mehr hat etwas verändern zu wollen. Da ist schon so eine Trägheit eingespeichert, aber weißt Du, wenn es einhundert Realitäten gäbe, dann beschäftigt man sich gerade mal mit fünf Realitäten. Und weil man sich nur mit fünf Realitäten von einhundert beschäftigt, ist da dieses Gefühl: „Ok, puh, anstrengend und schwer" und man ist sich nicht bewusst, dass es noch 95 weitere Realitäten geben könnte. Selbst wenn es nur 3 Realitäten, also mögliche Seins-Zustände gäbe, dann würden wir es nicht einmal schaffen, in nur einer Sache anders zu werden, anders zu denken, anders zu handeln oder einfach mal etwas anderes zu wagen. Das meine ich mit Realitäten.

Es gibt Abermilliarden Möglichkeiten, die Dinge zu betrachten, was eine Auswirkung darauf hat, wie ich lebe. Wenn wir es aber schaffen, über diesen Berg hinwegzukommen, dann kommt irgendwann so ein Punkt, wo Du merkst: „Wow, es funktioniert", und in diesem Augenblick bekommst Du mehr Selbstbewusstsein und irgendwoher eine Art Antrieb.

Woher kommt dieser Antrieb plötzlich? Du verbindest Dich wieder mit etwas Größerem. Du gehst aus den fünf begrenzten Möglichkeiten heraus und hast jetzt vielleicht ein Bewusstsein für zehn weitere Ideen. Und dieses Bewusstsein für weitere Möglichkeiten lässt dich eine Wahl haben. Und das lässt dich wachsen. Das bedeutet, die Möglichkeiten und die Ideen und das Selbstvertrauen und das Selbstbewusstsein werden mit dir zusammen größer und dann erkennst Du irgendwann: „Krass, ich habe mich selbst die ganze Zeit begrenzt und tatsächlich gab es nie eine Begrenzung, außer in meinem Geist."

Die Gans war nie in der Flasche! Vielleicht kennst du dieses Zen-Koan, worüber man jahrelang meditieren kann: Wie holst du eine Gans aus einer Flasche, ohne die Gans zu töten oder die Flasche kaputt zu machen?" Ich weiß, das ist eine total bescheuerte Frage, weil man keine Gans in eine Flasche stecken kann, daher die Erkenntnis, dass die Gans nie in der Flasche war, und wenn wir diese Erkenntnis auf unseren Geist übertragen, dann war er nie begrenzt.

Wir haben uns einfach in unseren Ansichten, Meinungen und Möglichkeiten begrenzt, weil unsere Aufmerksamkeit immer nur auf eine von zig Milliarden Möglichkeiten fokussiert war. Ich bin unflexibel in meinem Geist geworden oder habe mich an einer Sache, Idee oder Ansicht festgeklammert. Im Buddhismus wird es Anhaftung genannt. Dieses Anhaften an der Vergangenheit zum Beispiel, ist eine Art von Begrenztheit. In dem Moment aber, in dem ich meine Aufmerksamkeit sammle und erkenne, dass ich mich gerade an die Vergangenheit klammere, kann ich sagen: „STOP! Was geschieht jetzt gerade in meiner Umgebung? Welche Geräusche höre ich? Wie ist das Licht in meiner Umgebung? Wie fühlen sich meine Füße an? In welchem Rhythmus atme ich gerade?" Mit diesem Wahrnehmen anderer Dinge löse ich mich von den Gedanken an die Vergangenheit und befinde mich im Hier und Jetzt. Im aktuellen Moment. In der momentanen Realität. Und das muss man trainieren. Regelmäßig. Mit einem/einer Meditationstrainer/in, in einem Gruppenkurs. Online über Zoom oder wie auch immer."

Luca, ein Teilnehmer, fragt: Wann weiß man, wann man seine Wahrheit gefunden hat? Eine große Frage ..."

Karsten: „Weißt Du, am Ende gibt es keine „eine Wahrheit". Du erkennst eher, dass Du der Schöpfer dessen bist, was Du erlebst. Und das ist die Wahrheit. Du bist der Schöpfer, ständig, in jedem Augenblick, von allem, was Du für Dich persönlich erlebst. Man kann die Antwort nicht so einfach geben, denn die Wahrheit ist ja für jeden von uns ganz individuell, und das ist ja das Schöne. Es gibt nicht diese eine Wahrheit, sondern Du erkennst, wer Du bist, innerhalb von einer

Milliarden Möglichkeiten, die zur gleichen Zeit zur Verfügung stehen. Wahrheit ist eher eine Erkenntnis, und diese Erkenntnis ist unendlich. Man kann da nicht sagen, das ist die Wahrheit. Da ist ein unendlicher Fluss von Geschehnissen, die ständig, immer weiter geschehen, und egal, was wir tun, alles entwickelt sich ständig weiter. Ständig. Vielleicht nicht immer so, wie wir es möchten, denn da ist ja noch das Ego und die Persönlichkeit, aber es wird sich weiterentwickeln. Mit oder ohne Dich oder mich."

Miriam: „Du hattest eben schon zum stillen Sitzen gesagt, dass es darum geht, nicht auf den Reiz zu reagieren. Was ist eigentlich der Unterschied zwischen Schmerz und Leid?"

Karsten: „Es kann sein, dass ich einen miserablen Tag hatte, auf der Arbeit oder so, es war einfach kein schöner Tag, vom inneren Eindruck her. Ich kann da aber auch noch ein Drama draus machen, indem ich nach Hause gehe und meinem Partner erzähle, wie scheiße der Tag doch war und der Partner erzählt dann noch, wie beschissen sein Tag war, und dann kommen zwei zusammen, die über den verdammten sch… Tag erzählen, und das führt natürlich insgesamt zu einer, sagen wir, eher negativen Stimmung.

Und dann schaltet sich noch der Autopilot ein und der sagt dir: „Ja Karsten, lass alles raus. Im Grunde ist doch das ganze verfluchte Leben die Hölle. Dein Nachbar fährt einen dicken Benz und die Tussi von dem läuft rum wie ein aufgetakeltes Hühnchen. Und ich muss auch noch den Hausflur der beiden Bastarde putzen." Eines führt zum anderen und die Stimmung wird immer negativer. Der Autopilot leistet gute Arbeit und am Ende landen wir bei 8 Flaschen Bier, einer Pizza vom Lieferdienst und dem typischen Streit mit der Partnerin.

Manche Menschen meckern, klagen und jammern ganz ungehemmt und kommen dann von der Bäckerei nach Hause und fanden das Gespräch mit der Verkäuferin klasse. „Das ist eine nette Frau, die Verkäuferin in der Bäckerei." Ja, man konnte einfach mal kurz seinen Müll rauslassen und dann wieder nach Hause gehen.

In Wirklichkeit weiß die klagende Frau nichts über die Bäckereiverkäuferin. Sie hat nichts über sie erfahren. Sie hat ja auch nichts gefragt, sondern nur ihren Müll abgeladen und hatte dann ein gutes Gefühl und dieses Gefühl projiziert sie auf die Verkäuferin. Und das ist die individuelle Realität dieser klagenden Frau. Morgen geht sie wieder zur Bäckerei und freut sich auf das Gespräch.

Tja, so haben wir alle einen Autopiloten. Jemand muss hier wach werden und den Schalter umlegen. Zumindest so lange, wie man das Leben in seiner ganzen Fülle erfahren möchte. Es muss eine innere Präsenz entstehen. Jemand muss zu Hause sein und dieses im Hintergrund ablaufende Programm finden.

Jemand muss wach werden und sagen: „Ich will das so nicht mehr". Also muss ich etwas verändern, und da muss man irgendwie zu Taten übergehen. Und wenn die Tat nur innerlich ist, dass ich jetzt nicht mehr so dummes Zeug rede oder die anderen zutexte. Oder der Versuch, zumindest eine gute Sache am Tag zu entdecken. Ansonsten füge ich meinem sowieso schon vorhandenem Schmerz auch noch mein Leid hinzu.

Denke an einen Stau. Du stehst mittendrin und Du kannst den Stau einfach nicht verändern. Es ist unmöglich, den Stau einfach so zu verändern. Das ist so ein Phänomen, das von Dir persönlich nicht verändert werden kann.

Aber Deine ganze Haltung zu dem Stau ist veränderbar, darüber hast Du die Kontrolle. Nicht über den Stau, aber wie du im Stau sitzt, das entscheidest Du ganz alleine. Es ist ganz allein deine Sache, was du aus diesem Stau machst. Der Stau ist nicht das Problem, aber das, was du daraus machst, könnte für dich ein Problem werden.

Und dieses zusätzliche Leid fügst du dir selbst zu. Warum? Warum vergiftest du in diesem Moment deinen Körper? Deine inneren Zellen und Organe wissen nicht, was da draußen los ist. Sie sind auf deine Meinung angewiesen und wenn du sagst: „Dieser verdammt Stau, ich werde zu spät zum Bewerbungsgespräch kommen. Was werden die wohl über mich denken?" Dann glauben deine Zellen und Organe, dass nachher die Hölle auf sie zukommen wird und sie werden jetzt schon mal, in dem Augenblick, in dem du noch in einem harmlosen Stau stehst, Stresshormone ausschütten. Diese Stresshormone sorgen dafür, dass dein Immunsystem runterfährt, weil alle Energie für das bevorstehende Drama benötigt wird. Das bedeutet, dass du dich bereits schlecht fühlen wirst, obwohl du über die Zukunft, also das bevorstehende Bewerbungsgespräch, noch gar nichts weißt. Vielleicht kommt dein Gesprächspartner auch zu spät, weil er noch 10 Minuten weiter hinter dir im Stau steht.

Es gibt Milliarden Möglichkeiten, aber dein Autopilot liebt das Drama, weil deine Mutter es auch immer so schön inszenieren konnte, wenn du mal wieder keine Lust hattest, dein Zimmer aufzuräumen.

Wir können nicht einfach irgendwas denken und davon ausgehen, dass diese Art von Gedanken keine Auswirkungen habe. Woran denkst du also gerade? Woran denkst du morgens, wenn du aufwachst, als erstes?

Welche Vorstellung hast du von dem Tag, der erst noch auf dich zukommt?

Kannst du den Tag überhaupt auf dich zukommen lassen oder kontrollierst du den kompletten Ablauf des Tages? Ist da überhaupt ein freier Raum für spontane Erlebnisse? Überlege dir, wie du morgen früh in den Tag starten möchtest. Deine inneren Zellen und Organe freuen sich auf dich!"

− KAPITEL 6 −

Augen zu und durch

Miriam: „Wir steigen wieder mit der Frage ein: Was ist Meditation für Dich heute?"

Karsten (überlegt einen Augenblick): „Lass mich heute einmal so antworten: Für mich beginnt Meditation in dem Augenblick, wo ich mich hinsetze und anfange, zum Beispiel über das zu reflektieren, was mich die Woche über beschäftigt hat oder was mich im momentanen Augenblick beschäftigt. Oder ich setze mich hin und versuche zu spüren, wie ich mich heute körperlich fühle. Was beschäftigt mich? Wie sind meine Emotionen in diesem Augenblick? Wie fühle ich mich heute? Oder, wie geht es meinem Körper? Was braucht er? Gibt es irgendwelche Signale, die er aussendet? Ist irgendwo eine Spannung im Körper? Ist vielleicht irgendwo ein Schmerz im Körper? Oder gibt es Bereiche, die ich gar nicht spüre?

Im Prinzip kehre ich in mich und reflektiere über das, was ich spüre oder nicht spüre, was ich wahrnehme oder unterdrücke. Aus diesen Informationen kann ich dann etwas über mich selbst lernen und später im Alltag kann ich irgendwie damit umgehen. Wenn ich mir diese Zeit nicht nehme, die Zeit der Ruhe, des Stillwerdens und des Meditierens, dann nehme ich mich im Alltag gar nicht richtig wahr, weil ich aus dem, was tagsüber geschieht, gar keine Rückschlüsse ziehen kann, denn mein Alltagsbewusstsein ist mit Alltagsdingen beschäftigt. Das bedeutet, dass ich aus mir selbst heraus gar nichts lerne oder erfahre, weil ich gar nicht richtig hinschaue zu dem, wie es mir geht, was in mir abläuft. Was ich spüre, möchte oder brauche.

Wenn ich nicht anfange, mich daraufhin zu beobachten, wie ich zum Beispiel immer wieder auf bestimmte Dinge reagiere, dann kann ich mein Verhalten überhaupt nicht verändern, weil mir meine eigene Reaktion, mein eigenes Verhalten gar nicht bewusst ist. Du erinnerst dich? Wir nannten diesen Raum zwischen Aktion und Reaktion Reaktionsflexibilität. Beim Beobachten meiner eigenen Reaktionen ist es gar nicht wichtig, was mein Gegenüber glaubt, meint oder tut, sondern wie ich darauf reagiere.

Unabhängig davon, ob mein Gegenüber befugt war, etwas in mir auszulösen, ob er oder sie das bewusst gemacht hat oder nicht – Fakt ist, dass in mir etwas stattfindet in Beziehung zu meinem Gegenüber. Die Reaktion findet in mir statt und beeinflusst meine Gefühlswelt. In jedem Augenblick, in jeder Beziehung, zu allem sind wir in irgendeiner Art ständig in Beziehung. Zu dem Wohnort, an dem Du gerade bist, zu der Wohnung, in der du wohnst. Ob sie aufgeräumt ist oder unaufgeräumt. Das alles macht etwas mit dir. Und dieses Wahrnehmen, dieses Reflektieren über meine Innenwelt ist heute für mich Meditation."

Miriam: „Super schön, danke. Vielleicht können wir auch direkt einsteigen in das heutige Thema. Und zwar: Vielleicht magst Du noch einmal erklären, was der Unterschied ist zwischen Aufmerksamkeit und Achtsamkeit?"

Karsten: „Gerne teile ich dir meine Ansicht dazu mit. Wenn ich darüber spreche, dass alles in uns stattfindet — und es findet ja alles in uns statt: Deine Gedanken sind ja deine Gedanken, die Du in Dir hast, und jeder Teilnehmer hat andere Gedanken und andere Gefühle, aufgrund dessen, dass er oder sie anders aufgewachsen ist, unter anderen Umständen, in anderen Wohnungen, an anderen Orten, mit anderen Lehrern, mit anderen Freunden und so weiter ... das alles formt ja deine und meine Art zu denken und meine Gefühle darüber, was ich glaube oder nicht glaube.

Wenn ich meditiere und mich hinsetze, dann kann ich diese Glaubens- und Bewusstseinsstruktur wahrnehmen. Ich beobachte meine Gedanken und meine Gefühle. Ich spüre meine Gefühle und ich betrachte die Art meines Denkens. Vielleicht positiv, vielleicht negativ, vielleicht nachtragend, vergangenheitsorientiert oder zukunftsorientiert. Jeder Mensch kann sich selbst beobachten. Wir sind selbstbewusste Wesen. Es sei denn, du nimmst Drogen oder trinkst viel Alkohol. Dann wird es mit dem Selbstbewusstsein etwas schwieriger. Sie rauben dir dein Selbstbewusstsein und du tust Dinge, die du vielleicht am nächsten Tag, wenn du wieder zu Bewusstsein kommst, bereust. Oder vergessen hast.

Es gibt also einen Teil in uns, der sozusagen alles, was wir tun oder nicht tun, beobachtet. Und wenn wir jetzt von Achtsamkeit sprechen, dann könnte ich, wenn ich ständig mit der gleichen Reaktion reagiere und das beobachte, versuchen, etwas anderes zu tun. Eine andere Reaktion zu erzeugen. Um das tun zu können, muss ich s-t-ä-n-d-i-g achtsam sein. Ich muss ständig in Kontakt mit dem beobachtenden Teil in mir sein und mitbekommen, was in mir abläuft. Was geschieht mit mir? Was fühle ich gerade? Was sage ich da? Warum erzeugt diese Musik Sehnsucht in mir?

In Beziehungen zu einer Person, zu einer Sache, zu einem materiellen Gegenstand, zu einem Mangel, zu einem Erfolg, all diese Dinge lösen etwas in uns aus. Und das kann man beobachten. Dem ganzen Beobachtungsprozess gegenüber bleibe ich achtsam. Achtsamkeit beinhaltet in diesem Augenblick ein bestimmtes Maß an Ruhe und Stille. Ich muss still sein und ruhig sein, um achtsam den inneren Prozess verfolgen zu können. Das benötigt viel inneren Raum, eine große Kapazität an Achtsamkeit, Bewusstsein und Beobachtungsgabe.

Wenn ich mir zum Beispiel wünsche, erfolgreich zu sein, einen Partner zu finden oder mich von meinem Partner zu trennen, dann ist das ein Vorhaben, eine bestimmte Absicht, die ich habe. Und diese Absicht kann verloren gehen, wenn ich meine Aufmerksamkeit von meinen Vorhaben durch äußere Umstände beeinflussen lasse. Leider gibt es sehr schlaue Menschen, die ein sehr starkes Interesse an deiner Aufmerksamkeit haben. Die Werbeindustrie zum Beispiel. Die Erfinder der Sozialen Medien, die Hersteller verschiedenster Apps auf deinem Handy. Alle möchten, dass du auf ihre Produkte schaust, ihren Strategien folgst. Wenn sie deine Aufmerksamkeit haben, dann verlierst du schnell deine Absichten aus dem Auge.

Durch die regelmäßige Meditationspraxis können wir lernen, den Fokus unserer Aufmerksamkeit zu beobachten. Wir können mitbekommen, was jetzt meine Aufmerksamkeit in Anspruch nimmt. Wir können lernen zu bestimmen, wem oder was wir unsere wertvolle Aufmerksamkeit geben möchten. Und diesem ganzen Vorgang gegenüber bin ich sehr achtsam! Ich beobachte es. Um beobachten zu können, muss ich still sein, bei mir sein, achtsam sein.

Vielleicht erwähne ich noch einmal, was Aufmerksamkeit ist. Wenn Du dieses Buch liest, bist Du aufmerksam. Du folgst meinen Gedanken, die Miriam und weitere freundliche Unterstützer und Unterstützerinnen zu Papier bringen. Du liest diesen Text. Deine Aufmerksamkeit ist auf diese Zeilen gerichtet. Vielleicht lösen diese Zeilen auch etwas in dir aus und deine Aufmerksamkeit ist auf deine Gefühle gerichtet. Oder in deiner Umgebung taucht gerade ein Geräusch oder ein Ton auf, dann ist deine Aufmerksamkeit bei diesem Geräusch oder Ton. Bekommst du mit, wo deine Aufmerksamkeit gerade ist? Du kannst gerne einen Augenblick innehalten und überprüfen, worauf du gerade achtest.

Unsere Aufmerksamkeit ist immer irgendwo. Wir sind immer irgendeiner Sache gegenüber aufmerksam. Dem Wetter gegenüber, dem Schmerz, den Nachrichten, dem Handy oder dem eigenen Prozess des „Nicht- Loslassen-Könnens" gegenüber. Indem ich immer wieder über die Fehler des anderen spreche, schenke ich ihm, ihr oder der Sache ständig Aufmerksamkeit. Oder dem Mangel. Indem ich ständig auf das schaue, was ich nicht habe, nicht schaffe oder nicht möchte, schenke ich ständig dem Mangel meine wertvolle Aufmerksamkeit.

Wo ist deine Aufmerksamkeit, wenn du über das Thema Geld, Entspannung oder Zeit nachdenkst? Meckerst du ständig darüber, dass es dir an Zeit für dieses und jenes fehlt? Klagst du häufig über Stress und Anspannung? Denkst du beim Thema Geld daran, wieviel dir fehlt oder daran, wie du Geld erhalten, verdienen oder schöpfen kannst? Wo ist deine Aufmerksamkeit bei diesen Themen?

Schaust du auf das, was nicht geht oder auf die Dinge, die heute funktioniert haben? Wir brauchen Zeit und Bewusstsein, um diesen Mustern auf die Schliche zu kommen. Es bedarf eines gewissen Maßes an Ruhe, um solchen meist unbewussten Gewohnheiten auf die Spur zu kommen. Wenn meine Aufmerksamkeit ständig beim Mangel ist und ich dies erkenne, dann könnte ich meine Aufmerksamkeit doch durch etwas Übung auf die Dankbarkeit richten, oder?

Der Mangel ist eh schon in deinem Leben und wozu solltest du ständig darüber nachdenken. Es wäre doch viel sinnvoller, darüber nachzudenken, was schon alles da ist. Und ich bin mir sicher, das ist mehr als genug. Denn wenn du diese Zeilen liest, dann bedeutet das auf jeden Fall, dass du genügend Luft zum Atmen hast. Und wenn du ehrlich bist, dann war davon in deinem ganzen bisherigen Leben mehr als genug da. Aber hast du dir das schon bewusst gemacht? Ich weiß, dass kling lächerlich für dich, weil immer Luft da ist, aber die Fülle ist auch ständig da, doch du schaust nur ständig auf den Mangel.

Die Bäume da draußen, die fangen einfach irgendwann an zu blühen. Auf einmal sind ganz viele Vögel da und singen, zwitschern und trällern. Die Sonne, sie scheint einfach immer. Der Regen, er kommt einfach irgendwann. So viele Dinge sind in so einem unendlichen Maß an Fülle da, ohne dass es dir bewusst ist, weil du vielleicht ständig an das denkst, was du nicht hast. Ich will dir nicht sagen, dass du mehr haben oder erreichen sollst, ich möchte dich darauf aufmerksam machen, dass du dir zumindest darüber bewusst werden solltest, welchen Dingen du deine Aufmerksamkeit schenkst. Diese Entscheidung kannst du selbst treffen. Unabhängig von allen äußeren Umständen. Es ist deine Entscheidung, wem und welchen Dingen du Aufmerksamkeit schenkst. Es ist dein freier Wille."

Miriam: „Du bringst gerade schon den freien Willen ins Spiel. Ich kann selbst entscheiden, worauf ich mich konzentrieren möchte, oder?

Karsten: „Natürlich! Leider ist der eigene Wille bei einigen Menschen sehr schwach ausgebildet. Der Wille, sich selbst beobachten zu wollen, ist für viele nicht mal denkbar. Allein die Willenskraft, sich hinzusetzen und sich Zeit für sich zu nehmen, ist für viele unmöglich, weil sie sehr beschäftigt mit anderen, äußeren Dingen sind. Die Erlebnisse da draußen scheinen viel interessanter zu sein als die inneren

Erfahrungen. Als wären die eigenen Gefühle weniger wichtig als die Meinung anderer Menschen. Als wären die eigenen Ideen und Handlungen weniger wertvoll als das, was eine andere Person tut. Weißt du was ich meine, Miriam? Wo liegt die Wertschätzung? Bei dem, was andere sagen und tun oder bei meinen eigenen Gedanken und Handlungen? Wem gebe ich mehr Aufmerksamkeit? Sind die eigenen inneren Angelegenheiten wichtiger oder die, die da draußen stattfinden?

Das, was das Fernsehen sagt, das, was andere glauben, wie andere sich fühlen, worüber andere sich aufregen, was andere tun oder nicht tun? Wichtig ist doch, was wir fühlen, was du fühlst, wie es dir geht. Was du für Bedürfnisse hast, was du erreichen möchtest, was du dir vorstellst. Schließlich entscheiden deine Befindlichkeiten doch darüber, wie du dich in gewissen Situationen fühlen wirst. Oder entscheidet das dein Gegenüber? Oder lässt du dein Gegenüber über dein Gefühlsleben entscheiden?

Um es auf den Punkt zu bringen: Wichtig ist doch dein Innenleben. Ich muss doch meine eigene Handlungsweise beobachten und wahrnehmen können! Das Außen lenkt uns so sehr ab, dass wir noch nicht einmal die Kraft haben, uns regelmäßig am Tag zehn Minuten hinzusetzen. Oder dauerhaft irgendeine andere Tätigkeit eine Zeit lang zu verfolgen. Es sind nicht umsonst so viele Menschen übergewichtig. Vielleicht fehlt denen ja nicht das ‚Wollen', sondern der Wille, es durchziehen zu können. Bei der Meditation benutzen wir Konzentrationsübungen, um den Atem zu beobachten oder den Atem zu zählen. Oder einfach nur mal den Atem wahrzunehmen, und zwar so lange, wie du das möchtest. Du benutzt dazu deinen Willen. Und im Grunde steuert ja auch der Wille den ganzen inneren Beobachtungsprozess. Es muss ja von dir gewollt sein, deinen Atem fühlen zu wollen.

Das bedeutet, du musst eine Absicht darlegen, nämlich deinen Atem fühlen zu wollen. Eine Absicht darlegen und sagen: „Meine Absicht ist es jetzt, meinen Atem zu spüren. Du kannst das selbst jetzt, in diesem Augenblick machen. Entscheide dich jetzt, in diesem Augenblick, während du noch liest, trotz aller äußeren Umstände, deinen Atem wahrzunehmen. Spürst du ihn? Halte einen Augenblick inne, spüre wie du atmest. Hör auf zu lesen. Kannst du aufhören zu lesen und einfach einen Augenblick lang deinen Atem fühlen?

Hast du deine Aufmerksamkeit im Griff, deine EIGENE Aufmerksamkeit? Bist du stark genug, achtsam genug, einfach nur die Ein- und Ausatmung fühlen zu können? Ohne dich ablenken zu lassen? Wenn du das kannst oder lernst, dann handelst du eigenverantwortlich, selbstbewusst und willensstark.

Wenn du magst, kannst du dir einen Timer stellen und versuchen, deinen Atem 5 oder 10 Minuten lang zu spüren. Lass dich nicht ablenken von irgendwelchen Empfindungen, die anderswo im Körper stattfinden. Bleib bei deiner Atmung. Folge auch nicht den Geräuschen da draußen oder deinen Gedanken. Spüre deinen Atem. Hol dir die Kraft deines eigenen Willens wieder und halte die Aufmerksamkeit bei deiner Atmung. Spüre sie, denk nicht über sie nach, das wäre wieder nachdenken. Fühle sie, nimm sie wahr, spüre sie, bemerke die Atmung!"

Eine junge Frau sagt: „Ich halte mich schon für willensstark, dennoch ertappe ich mich dabei, dass irgendetwas in meinem Inneren abschweift."

Karsten: „Schau mal, du sagst es selbst. Du bemerkst, dass Dich etwas ablenkt. Das ist doch großartig. Vielleicht findest du es nicht toll, dass du abgelenkt wirst.

Das liegt aber an deiner Bewertung darüber, dass es vielleicht nicht so sein sollte. Aber es geschieht und du bemerkst es. Das ist schon mal ein Riesenvorteil, das heißt nämlich, es ist schon mal sehr viel Achtsamkeit da, sehr viel Beobachtungsgabe, aber man hat dieses Ding noch nicht so richtig im Griff. Dieses Irgendetwas ist deine Aufmerksamkeit. Sie geht einfach irgendwo hin. Die Aufmerksamkeit ist etwas sehr Feinstoffliches, ein sehr subtiles Ding da in uns. Man kann sie kaum erfassen, die Aufmerksamkeit. Aber wir wissen, dass es geschieht: Ich werde abgelenkt von etwas. Zu Beginn glaubt man noch, man könnte die Aufmerksamkeit nicht in den Griff bekommen. In Wirklichkeit aber ist es so, dass du woanders mit deiner Aufmerksamkeit hingegangen bist. Du hast auf etwas anderes geachtet. Energie folgt der Aufmerksamkeit.

Wo du mit deiner Aufmerksamkeit hingehst, das erscheint in deinem Bewusstsein.

Dieser Prozess ist dir vielleicht noch nicht bewusst, und wir kommen hier jetzt an einen tieferen Punkt in der Meditation. Du denkst: „Verdammte Hacke, ich wollte doch meinen Atem beobachten und dann kam da dieses Geräusch oder dieser und jener Gedanke an meine Chefin." Und jedes Mal, wenn dir das bewusst wird und du es als „Verdammte Hacke" bezeichnest, dann ist deine Aufmerksamkeit wo? Genau! Du bist mittendrin in dem Gedanken an deine Chefin und dummerweise bezeichnen wir das auch noch als einen Misserfolg, denn eigentlich wolltest du ja deinen Atem beobachten. Jetzt hängst du auch noch im Misserfolg fest und schenkst ihm deine wertvolle Aufmerksamkeit. Löse dich von diesem Bild und diesem Gedanken und erlaube dir wieder zu fühlen, nämlich deinen Atem. Bewerte einfach nicht, was du schaffst und was du nicht schaffst. Stattdessen fühl einfach deinen Atem.

Spüre, wie sich deine Brust hebt oder senkt. Wie sich dein Bauch bewegt, wenn du atmest, oder die Rippen, die Schultern. Spüre die Atembewegung.

Sitze und beobachte deine Atembewegung. Beobachte zur gleichen Zeit, was dich ablenkt und wie du dich ablenken lässt. Beobachte immer mehr. Schaue, warte und beobachte. Es ist ein bisschen so, als würdest du dein Karma abbauen. Sagen wir, du bist ein Jahr draußen unterwegs, bist die ganze Zeit beschäftigt, dann fängst du mit der Meditation an, sagen wir mal, du fängst montags an. Deine allererste Meditation nach einem Jahr.

Du kannst natürlich nicht erwarten, dass deine erste Meditation enorm ruhig sein wird. Warum nicht? Weil du ein Jahr lang Handlungen ausgeführt hast, die bisher unbewusst geschehen sind. Also du warst nicht richtig dabei. Und jetzt setzt du dich montags hin, du kommst ein bisschen zur Ruhe, und merkst: „Meine Güte! Was ist da alles in mir los! Die ganzen Empfindungen und die ganzen Gedanken und das alles" – da steigen die meisten schon wieder aus und sagen: „Meditation ist nichts für mich" – aber das war ja auch noch keine Meditation, das war nur hinsetzen nach einem Jahr, und mal kurz zur Ruhe kommen.

So, aber dann sitzen wir da und machen das auch montags, dienstags, mittwochs, donnerstags und danach die Woche wieder … sagen wir, wir würden uns vier Wochen lang regelmäßig hinsetzen. Dann wirst du automatisch irgendwann etwas ruhiger. Warum? Weil sich langsam die ganzen Ursachen für all deine Probleme zeigen. Sie kommen ans Licht, in dein Bewusstsein, während du stillsitzt, aber du trainierst ja deine Reaktionsflexibilität und lässt keine Reaktion auf diese auftauchenden Gefühle und Gedanken folgen. Das ist die Kunst der Meditation: Zu lernen, nichts hinzuzufügen.

Damit sich dieses ganze Jahr erst mal abbauen kann, mit all den Gefühlen und Gedanken, die du nie zum Ende hast kommen lassen, brauchst du Geduld. Und dann kommen wir irgendwann an einen Nullpunkt. Und an diesem Nullpunkt können bewusstere Entscheidungen getroffen werden. Der alte Mist ist abgebaut oder sagen wir besser durchlebt, und von nun an entscheidest du deutlich bewusster. „Lasse ich mich auf dieses Vorhaben ein, welches mir mein Exfreund vorgeschlagen hat?", „Wenn ich jetzt fremdgehe, werde ich meine bestehende Beziehung für immer verlieren. Ist es mir das wert?", „Wenn ich heute schon wieder so viel Alkohol trinke wie gestern, dann werde ich mich wieder den ganzen Tag unwohl fühlen." Zwischen Aktion und Reaktion besteht jetzt ein Handlungsspielraum. Du triffst künftige Entscheidungen einfach bewusster.

Es geschieht nicht mehr einfach so, sondern klarer, etwas langsamer und irgendwie mit mehr Bewusstsein. Du hast mehr Wahlmöglichkeiten.

Sobald mehr Bewusstheit in die ganze Geschichte gekommen ist, ändert sich sowieso alles. Irgendwann wirst du nicht mehr behaupten können, dass du das Opfer gewisser Umstände bist, denn du erschaffst und kreierst dir die ganze Zeit deine eigene kleine Welt, in der du lebst. Es ist deine Innenwelt, in der du fühlst, spürst, denkst und entscheidest.

Diese Entscheidungen, Gedanken und Gefühle projizierst du nach außen und glaubst irgendwann, es wäre das Äußere, was deine Gefühle beeinflusst. In Wahrheit aber lässt du dich beeinflussen von den äußeren Umständen. Denk einmal an das Beispiel mit dem Stau zurück. Dem Stau ist es egal, was du über ihn denkst, weil du mit deinen Gedanken ganz allein deinen eigenen Gefühlszustand bestimmst.

Du kannst dich über den Stau aufregen oder dich im Stau entspannen. Es ist deine Wahl! Von diesem Standpunkt aus bist du definitiv nicht mehr das Opfer des Staus oder des äußeren Umstandes."

Antje fragt: „Wenn ich dranbleibe in der Meditation, dann merke ich, dass in meinen Kopf eine totale Weite und Ruhe kommt. Dann bin ich aber irgendwann wieder raus, weil ich das fast nicht aushalte. Was bedeutet das?"

Karsten: „Ich nenne es jetzt mal gar nicht „Weite" oder so etwas, sondern es ist ein anderer Zustand als der, den wir bisher kennen. Vielleicht war der Fokus bisher auf die Probleme und den Stress ausgerichtet, jetzt wird die Aufmerksamkeit auf die Ruhe und auf die Stille ausgerichtet. Wir lassen aber dennoch keine Reaktion folgen, also keine Bewertung, denn wir wissen jetzt, dass wir mit unserer Beurteilung unsere Gefühle, Denkweisen und sogar den Zustand selbst wieder verändern. Und vor allem wissen wir noch gar nicht, wie es nach dieser Weite und Ruhe weitergeht. Was kommt danach?

Das heißt: Wir bleiben auch in der Stille still. Das ist manchmal nicht so einfach, das geschieht sehr unbewusst, dass man kurz dieses Gefühl erzeugt: „Hach herrlich, genau so habe ich mir das vorgestellt." Und dann sitzt Du am Dienstag da, und es ist auf einmal nicht mehr so herrlich und fängst an, dich darüber zu ärgern. Du glaubtest, du hättest jetzt die Stille gefunden, aber dienstags ist sie nicht mehr da und dann versuchst du alles Mögliche, um diesen Zustand zurückzuholen.

Ganz wichtig: Unser Ziel ist es nicht, einen bestimmten Zustand zu erreichen. Der kommt von selbst durch die regelmäßige Meditation. Unser Ziel ist es, sich trotz aller Umstände okay zu fühlen. Unabhängig von dem, was gerade geschieht. Denn die Welt ist in Bewegung, die Welt ist dynamisch! Alles verändert sich ständig.

Wichtig ist, dass du deine Mitte gefunden hast. Andere Menschen haben auch Wünsche und Sehnsüchte, sie kreieren auch etwas auf dieser Welt und das hat auch einen Einfluss auf dich. Dennoch kannst du lernen, mit den Kreationen, Bedürfnissen, Wünschen und Ansichten der anderen umzugehen, ohne dir selbst untreu zu werden. Akzeptanz, Toleranz und Mitgefühl sind starke Eigenschaften, die dir das Leben erleichtern.

Werde ein starkes Licht in dieser Welt, welches Güte und Liebe für alle Lebewesen ausstrahlt. Sei ein leuchtender Punkt, der für die Liebe und den Frieden arbeitet. Praktiziere einfach weiter Meditation und der Rest eröffnet sich dir von selbst."

Claudia, eine Kursteilnehmerin, sagt: „Ich bekomme nach zwanzig Minuten immer so wahnsinnige körperliche Reaktionen. Mir piekst der Rücken, meine Haut juckt. Ich empfinde eine starke Unruhe, die dann irgendwann weggeht, aber das ist ganz schwer auszuhalten und bringt mich raus."

Karsten: „Wer beobachtet die Reaktion? Wer beobachtet das Piksen? Doch du, oder? Wenn du in der Meditation etwas beobachtest, wo ist dann diese Beobachterin? Sobald du sagst: „Da pikst etwas", dann gibt es doch das Piksen selbst als Empfindung und jemanden, die das Piksen wahrnimmt, oder?

Derjenige Teil in dir, der das Piksen wahrnimmt lässt keine Reaktion darauf folgen. Keine Bewertung, keinen Gedanken, keine Analyse darüber, wo es herkommen könnte, was es ausgelöst hat oder so. Nein, da ist einfach ein Piksen in deiner Wahrnehmung. Warte ab.
Es wird schon wieder verschwinden, denn du weißt ja, dass nichts beständiger ist als die Veränderung. Alles verändert sich ständig. Auch das Piksen.

Andere beschäftigt vielleicht ein Gedanke an den Streit von gestern oder die Situation mit den Kindern. Sie denken eher nach, statt ein Piksen wahrzunehmen. Vielleicht tauchen auch starke Emotionen in ihnen auf oder ein lautes Geräusch von außen bindet ihre Aufmerksamkeit. An all diesen Dingen wollen wir nicht anhaften. Wir beobachten stattdessen den Fluss der Veränderung. Die Gedanken an die Kinder ändern sich, sie sind dynamisch. Mal denkt man dieses oder jenes, mal denkt man liebevoll an sie, ein anderes Mal wieder ärgerlich. Emotionen sind ständig in Bewegung. Mal achten wir auf diese Töne und mal auf andere Töne oder Geräusche. So viele Dinge kommen und gehen, ständig. Wenn wir uns aber darüber ärgern, sie beurteilen, weghaben wollen, weil wir unsere Ruhe haben möchten, dann findet in uns ein kleiner Krieg statt. Wir kämpfen gegen das, was in diesem Moment Realität ist. Die Geräusche, die Gedanken, die Gefühle, das Piksen. All diese Dinge gehören zum jetzigen Augenblick dazu. Das ist deine momentane erlebbare Realität.

Ich weiß, es ist zu Beginn nicht einfach, diese Geschehnisse einfach so zu akzeptieren, aber dafür bilden wir Kursanleiter/innen für Meditation aus. Diese ausgebildeten Meditationslehrer/innen können anderen Interessierten helfen, über die Meditation zu lernen, wie man entspannter allen äußeren und inneren Geschehnissen gegenüber wird. Es ist sehr hilfreich, zu Beginn unter Anleitung zu meditieren. Der oder die Meditationslehrer/in hat schon etwas mehr Erfahrung im Umgang mit den inneren Geschehnissen und kann dir helfen, damit umzugehen. Dieses „Damit-umgehen-Lernen" führt zu mehr Gelassenheit und zu mehr Entspannung."

Miriam: „Ich habe noch eine Frage zur Aufmerksamkeit und auch zur Energie, weil ich oft merke, wenn ich Nachrichten höre oder eine Zeitungsheadline lese, dass meine Aufmerksamkeit schnell bei etwas Negativem ist.

Wie schaffe ich es dann, die Aufmerksamkeit wieder auf etwas Positives zu lenken?"

Karsten: „Erst einmal natürlich durch das Bewusstwerden, dass du diese Nachrichten als negativ bewertest und vielleicht auch als negativ empfindest. Wir müssen ja auch mal ganz ehrlich sein. Aus unserem kleinen Blickwinkel heraus könnte es durchaus negativ sein. Aber wenn wir in eine sehr, sehr große Vogelperspektive gehen, eine sehr weite Ansicht, eine ganz, ganz große, Unabhängig-von-der-Zeit-Perspektive, wissen wir noch gar nicht, wofür das alles gut und/oder schlecht ist. Wir beurteilen die Dinge immer aus unserem begrenzten Zeitrahmen heraus, dabei ist es manchmal auch ganz schön, abzuwarten und in einer Art Unwissenheit zu bleiben über das, was geschehen wird.

Niemand war in der Zukunft und ist von dort zurückgekehrt. Niemand hat die Zukunft gesehen. Niemand wird wissen, wie er in einer künftigen Situation handeln wird, weil die Zukunft noch nicht da ist. Wir wissen noch nicht, was das mit uns macht, wo uns das hinführt. Mein persönlicher Glaube ist der, dass alles auf Wachstum ausgelegt ist. Alles ist ein ständiger Wachstumsprozess hier auf diesem schönen Planeten. Du setzt etwas in die Erde, eine Pflanze zum Beispiel, und siehe da, nach einer Weile wird sie wachsen, und wenn du sie lässt, wird sie weiter und weiter wachsen. Setze einen Grashalm in die Erde, und es dauert nicht lange, und es werden ganz, ganz viele Grashalme daraus entstehen, sodass du irgendwann auf einer schönen Wiese laufen wirst. Jeder Baum und jede Pflanze versucht sich ständig zu vermehren. Im Grunde sind wir hier von einer Art Substanz umgeben, deren Ziel es zu sein scheint, immer mehr Dingen das Wachstum zu ermöglichen.

Dein Körper ist von winzig klein zu dem geworden, was Du jetzt bist. Schau mal zu dir hinunter. Schau mal auf deinen Körper.

In einer winzig kleinen Samenzelle war bereits die Voraussetzung für das vorhanden, was du gerade anschaust. Deinen Körper, inklusive der Gefühle, Emotionen, Empfindungen, Gedanken, Wahrnehmungen, Intuitionen und noch vielen weiteren Dingen, denen du vielleicht noch keine Aufmerksamkeit geschenkt hast, weil du die meiste Zeit mit Gedanken verbringst, die mit Mangel zu tun haben. Oder, so wie du es sagst, mit negativen Ansichten.

Es wäre wirklich dumm, diesem Wachstumsprozess nicht folgen zu wollen, indem man sich klein hält und glaubt, in nichts voranzukommen. Diese Gedanken können nicht stimmen, das kann gar nicht sein, dass du nicht vorankommst oder es bei dir nicht weitergeht. Dass also irgendetwas negativ zu sein scheint, denn wenn du in die Natur schaust, dann siehst du ein immenses, stetig voranschreitendes Wachstum. Es entwickelt sich ständig irgendwas weiter. Und deswegen kann ich vielleicht solche Nachrichten lesen, aber ich muss sie nicht bewerten. Ich muss sie auch nicht als „gut" bewerten, ich muss noch nicht mal auf die Suche nach guten Nachrichten gehen. Ich bleib einfach bei mir und bemerke: „Das macht mich unruhig, das macht mich nicht unruhig". Ich beobachte beide Seiten der Medaille. Ich tendiere aber nicht zu einer bestimmten Richtung, sondern ich erkenne das Gefühl der Unruhe in mir, als Gefühl, als ein Gefühl von tausend Gefühlen. Und wir wissen alle, dass es auch wieder vergeht!

Schau mal, was Du durchgemacht hast in Deinem Leben. Und? Du sitzt hier! Alles scheint irgendwie vorüber gegangen zu sein. Du hast es überstanden! Und wir werden noch so viele Dinge überstehen. Das ist jetzt nicht positives Denken. Noch nicht mal das ist es, sondern es ist ein Beobachten der Geschehnisse, die sich um uns herum ständig verändern, und ich bin dabei achtsam meinem eigenen „Flow" gegenüber.

Ich achte darauf, meinen inneren Frieden nicht zu verlieren. Denn Du bist doch eine Rieseninspirationsquelle für alle anderen, wenn Du einen großen Frieden in Dir trägst. Dann wollen doch alle in Deiner Nähe sein! Du möchtest doch auch nicht in der Nähe von jemandem sein, der in seinen Meinungen sprunghaft und in seinen Gefühlen durcheinander ist. Bei jemandem, der sich ausschließlich mit Oberflächlichkeiten und Äußerlichkeiten beschäftigt. Oder vielleicht willst du es ja doch und das ist auch in Ordnung so. Akzeptiere aber auch, dass andere keine Unruhe möchten und lieber dem Frieden folgen wollen.

Jeder Mensch fühlt sich irgendwie von anderen Menschen angezogen und es ist die Energie, die uns bei anderen Menschen anzieht oder abstößt. Der Charakter, die Schwingung, die Ausstrahlung. Manche Menschen wirken ruhig und gelassen, manche haben eine beruhigende „Aura" und andere wiederum ziehen das Chaos regelrecht an. Was möchtest du ausstrahlen? Wie möchtest du gesehen werden? Worauf möchtest du deine Aufmerksamkeit richten? Auf positive Gefühle und Gedanken oder auf negative, destruktive Gedanken und Gefühle, Menschen oder Situationen? Was möchtest du sehen und denken und was denkst und siehst du? Worauf schaust du jeden Tag und wie reagierst du darauf? Beobachte deine Reaktionen, dann weißt du, wovon deine Ansichtsweisen geprägt sind."

Miriam: „Vielen Dank! Ich habe noch eine letzte Frage, und zwar: Wenn ich es nun einigermaßen geschafft habe, meinen Willen einzusetzen und meine Aufmerksamkeit zu lenken, wie schaffe ich es jetzt, das zu tun, was ich wirklich tun will?"

Karsten: „Indem du dich davon befreist, dass das in irgendeiner Art ein Zwang ist! Du kannst tun, was du möchtest, meine Güte!

Ganz ehrlich, das Leben ist total frei, du bist eine absolut freie Seele! Und es ist ein bisschen so, als würde der liebe Gott sagen: „Na mach doch endlich, Mensch!" Entschuldige diesen Fäkalienausdruck, aber es ist doch scheißegal, ob du dieses oder jenes machst. Es geht doch um deinen persönlichen Entwicklungsprozess, um deinen Wachstumsprozess, sodass du am Ende des Ganzen sagen kannst: „Wow! Das war ein Leben! Ich habe das Leben gelebt!" Da ist nur das kleine Ego, das in irgendeiner Art einen Zweifel erzeugt, aufgrund von irgendwelchen vergangenen Handlungen, Erinnerungen oder Abläufen, die dir vielleicht nicht gefallen haben. Aber letztendlich ist das doch alles vorbei! Und wir sind frei! Du kannst tun, was du willst!

Deswegen musst du das gar nicht schaffen. Das spielt gar keine Rolle! Vielleicht könnte man auf der Persönlichkeitsebene sagen: „Ich würde gerne diese besondere Person werden! Ein Supermodell oder ein Megastar oder ein Ferraribesitzer oder ein Geschäftsinhaber, aber diese Person stirbt am Ende und nur dein Sein bleibt übrig. Am Ende ist es total egal, wer du bist! Du warst die ganze Zeit etwas. Ob du einen Laden gehabt hast, ob du Geld gehabt hast, ob du kein Geld gehabt hast ... völlig unwichtig! Es sei denn, du möchtest das auf der Persönlichkeitsebene erreichen. Dann kannst du dir das vornehmen.

Aber Meditation ist kein Persönlichkeitstraining. Wir brauchen den Willen ein kleines bisschen, aber der Wille wird umgelenkt auf die Fähigkeit, bei sich bleiben zu können. Das ist am Anfang etwas Arbeit, weil die äußeren Umstände sehr daran interessiert sind, dich abzulenken. Und da braucht es schon ein bisschen Willenskraft, Durchhaltevermögen, Interesse und Disziplin. Aber wir machen das sehr mühelos.

Du brauchst in der Meditation keinen Sport zu treiben, dir ein Gerät zu besorgen oder viel Geld auszugeben. Wir sitzen und beobachten den

Atem, so, wie wenn du jemanden anrufst und darauf wartest, dass er oder sie an den Hörer geht. Dieser Augenblick, wo du in die Ohrmuschel lauschst und wartest, genau das gleiche Gefühl ist es, wenn du meditierst. Du sitzt, bist ruhig und wartest, was geschieht.

Erinnere dich beim nächsten Mal an meine Worte, wenn du jemanden anrufst. Bemerke den kleinen Augenblick der inneren Stille, wenn du darauf wartest, dass jemand abnimmt. Also, das ist vielleicht nicht die Antwort, die man erwartet. „Wie kann ich dieses und jenes erreichen?" Du kannst alles erreichen oder es auch sein lassen. Mach auf jeden Fall das, was dir Spaß macht."

Miriam: „Das ist eine sehr schöne Antwort ☺."

Uli, eine Ausbildungsteilnehmerin, fragt: „Ich habe eine Frage zur Aufmerksamkeit. Wenn wir meditieren, dann ist es manchmal so, dass Du anleitest, dass wir die Augen schließen und den inneren Blick freilassen sollen. Mir fällt es dann schwer, wenn wir die Aufmerksamkeit im nächsten Schritt zum Beispiel auf die Nase oder die Atmung richten sollen, keine Bilder von der Nase oder der Atmung anzuschauen."

Karsten: „Okay, ich glaube ich verstehe deine Frage. Vielleicht mal zum allgemeinen Verständnis. Was ich in der Meditation anleite, ist immer abhängig vom momentanen Augenblick. Also von der Anzahl der Teilnehmer/innen, der Tageszeit, dem allgemeinen Befinden, meiner eigenen Verfassung und dem, was sozusagen als Schwingung oder Stimmung im Raum ist. Du kennst das doch, wenn du ins Büro kommst. In der Millisekunde, wo du die Bürotür öffnest, weißt du schon, welche Stimmung im Büro herrscht. So ist es auch bei mir, wenn wir mit der Meditation beginnen. Es gibt eine Art Schwingung, die man wahrnehmen kann, so wie du im Büro oder auf deiner Arbeitsstelle spürst, wenn etwas „in der Luft" liegt. Es kann also sein, dass ich heute etwas ganz anderes sage, weil wir an einem ganz anderen Punkt stehen als gestern bei der Meditation.

Man steigt niemals in den gleichen Fluss. Weißt du, was ich meine? Ich würde ganz andere Dinge sagen, wenn das Wasser heute blau wäre. Und gestern vielleicht noch grün. Denn wir müssen mit blau anders umgehen als mit grün. Das ist wirklich interessant! Die Meditationsanleitung kommt aus dem aktuellen Augenblick heraus. Da ist kein Skript, das ich in irgendeiner Art ablese oder mir vornehme. Am Anfang kann ich mir vielleicht ein bisschen was vornehmen.

Zum Beispiel leite ich an, die Aufmerksamkeit auf die Nase zu richten, aber irgendwann ändert sich der „Flow" und die Anleitung, die ich zuvor vermitteln wollte, verändert sich. Ich leite also entsprechend dem „Flow" an. Es ist mir wichtig, euch dies in der Meditationsausbildung zu vermitteln. Du bekommst von mir eine Art Werkzeugkoffer, wie du die verschiedenen Werkzeuge jedoch anwendest, musst du intuitiv entscheiden. Und dieser Intuition folgen zu lernen, das möchte ich dir in der Ausbildung auch vermitteln.

Ich leite manchmal an, die Augen zu schließen und den inneren Blick freizulassen. Auf nichts besonders hinter den geschlossenen Augen zu schauen. Nach einer Weile gehen wir dann mit der Aufmerksamkeit zum Atem und ich sage: „Erlaube dir jetzt deine Atmung zu fühlen." Damit meine ich, dass du nicht den Bildern vor deinen geschlossenen Augen folgst, die dir ein Bild von dir als atmende Person zeigen, sondern, dass du die Atmung fühlst! Fühlen, nicht die Bilder vor den Augen anschauen. Das ist ein Unterschied. Wenn ich anleite, dass wir mit der Aufmerksamkeit zu den Füßen gehen, dann lassen die Gedanken erstmal Bilder von den Füßen in deinem Geist erscheinen.

Du schaust dir Bilder von den Füßen an, spürst sie aber nicht wirklich. Wir wollen in solch einer Anleitung jedoch die Füße fühlen und nicht die Bilder von ihnen ansehen. Ansonsten würde ich ja anleiten: „Schau dir mal vor deinem geistigen Auge an, welche Bilder du von deinen Füßen siehst."

Es bedarf etwas Training, um diese zwei Wahrnehmungsbereiche unterscheiden zu können. Aber wie bei allem ist es mit weiterem Üben durchaus schnell zu erreichen. Ich hoffe, das hat deine Frage beantwortet, Uli.

Uli antwortet: „Ja, ich denke schon. Ich werde versuchen, es in der Meditation zu üben. Danke."

— KAPITEL 7 —

Du bist immer erfolgreich

Miriam: „Ich fange wieder mit der Frage an: Was ist Meditation für Dich heute, lieber Karsten?"

Karsten: „Heute komme ich zu der Ansicht, dass es alles nicht das ist, worüber wir hier sprechen. Alles, was wir besprechen, ist ein Gedankenaustausch, kommt vom Verstand. Es sind Worte aus den Gedanken, für die Gedanken. Der Verstand sammelt Informationen und möchte das Wort Meditation gerne definiert haben. Wenn wir jedoch meditieren oder einfach nur stillsitzen, dann versuchen wir den Verstand mehr und mehr wegzulassen, um zum Beispiel mehr ins Herzgefühl zu gelangen. Oder in die Wahrnehmung. Wir können auch im Bewusstsein verweilen oder im So-Sein. Deswegen antworte ich heute mal nicht so ausführlich auf die Frage. Es ist schön, Meditation zu erfahren, sie zu erleben.

Die Teilnehmer*innen unserer Ausbildung fragen immer wieder: „Was soll ich denn sagen, was Meditation ist, wenn mich jemand fragt?" Die Antwort kann ganz individuell sein, denn die Fragesteller*innen sind Menschen, die aus verschiedenen Gründen heraus fragen.
Deswegen gebe ich hier auch verschiedene Antworten. Jeder interpretiert das Gesagte oder Gelesene anders.

Die letztendliche Antwort, die für jede/n Leser/in gleich ist heißt: hinsetzen, Augen schließen und abwarten, was geschieht. Kontemplieren, wahrnehmen, geschehen lassen. Und das so lange, bis die aufsteigende Müdigkeit, die Langeweile und die Ungeduld weniger geworden sind. Und wenn Du magst, dann vielleicht noch etwas länger sitzen bleiben, bis auch die Gedanken langsamer werden und der Verstand zur Ruhe kommt. Irgendwann könnte es dann sein, dass du eine angenehme Stille erfährst und du erkennst, dass es zwischen dem, was du denkst und den äußeren Dingen, die du wahrnimmst, keine Trennung gibt. Weiß du, was ich meine? Nein? Das meine ich ja. Um Meditation zu erfahren, muss man sie praktizieren."

Miriam: „Ja, das ist ja auch ein Buch, in dem man eine Antwort sucht. Die Frage, die ich als nächstes habe, ist auch superspannend. Was ist real?"

Karsten (lacht): „Naja, ich kann diese Antwort nicht geben, weil ich meine eigene Realität habe, genauso, wie du deine eigene Realität hast. Wir erfahren unsere Realität aufgrund unserer Gewohnheiten, Meinungen und Anschauungen und dem, was wir gelernt haben, was wir uns abgeschaut haben bei unseren Eltern, Lehrern und Freunden. Auch der Ort, wo wir aufgewachsen sind, hat einen Einfluss auf unsere mentalen Konzepte über das, was wir als Realität bezeichnen. Das bedeutet, dass jeder von uns aus einer bestimmen Perspektive auf diese Welt schaut. Diese Perspektive entstammt den Erfahrungen, die ich in der Vergangenheit gemacht habe. Man könnte behaupten, dass wir die Gegenwart meist aus dem Blick des Vergangenen betrachten. Allein die Tatsache, dass wir zu unterschiedlichen Jahreszeiten geboren wurden, zu unterschiedlichen Tageszeiten, an verschiedenen Orten auf dieser riesigen Welt, in unterschiedlichen Familien und mit verschiedenen Religionsanschauungen, macht uns allein schon zu Individuen.

In unserem privaten Freundeskreis haben wir verschiedene Menschen, mit denen wir unterschiedliche Dinge unternehmen. Mit einem Pärchen tauschen wir uns über neue Ideen aus, mit anderen sprechen wir eher über Persönlichkeitsprobleme. Mit anderen wiederum genießen wir einfach den Tag, gehen spazieren und unterhalten uns über spirituelle Themen.

Es geht selten um das Gleiche bei all diesen unterschiedlichen Leuten, weil alle unterschiedlichen Interessen folgen. Es findet immer ein schöner Austausch statt, eine inspirierende Kommunikation. In der Meditation jedoch versuchen wir dann einen gemeinsamen Nenner zu finden, die Stille. Deswegen kann Meditation auch eine Art Treffpunkt sein. Dort ist es egal, wer du bist, was du gemacht hast, was du nicht gemacht hast, was du getan hast, was du nicht getan hast. Wo du herkommst, welche Religion du hast oder nicht hast. Das ist völlig unwichtig, denn wir schließen unsere Augen und treffen uns in der Stille. Da macht es keinen Unterschied, wie alt oder jung du bist und, was für dich real ist. In der Meditation erkennen wir, dass das, was ich denke, real ist, dass das, was ich glaube, real ist.

Meine Meinung, meine Glaubenssätze, meine Vorstellung, meine Fantasie, das alles ist meine Realität. Ich bin real und du bist real. Es ist also sehr schwierig zu behaupten, wessen Realität die Richtige ist. Es ist zum Beispiel sehr schwierig, über „deine" Probleme zu sprechen, denn wenn du wirklich verstanden werden möchtest, muss es jemanden geben, der sich in dich hineinversetzen kann. Er oder sie muss im Grunde das Gleiche erfahren haben oder zumindest Kenntnisse aus diesem Bereich mitbringen, um überhaupt etwas darüber sagen zu können, wie du dich fühlen könntest. Wenn jemand etwas nicht erlebt hat, dann kann er oder sie eigentlich nichts über dein Problem sagen. Und das ist auch irgendwie schön, denn das Leben ist so vielfältig. Je mehr Erfahrungen du gemacht hast, desto mehr kannst du andere unterstützen, für andere ein Licht sein, ein Lehrer sein oder einfach nur eine Freundin oder ein Freund. Weißt du, ich spreche jetzt auch aus einem bestimmten Standpunkt heraus, aus einer bestimmten Vorstellung heraus. Wer weiß, ob das, was ich sage, auch stimmt. Vielleicht stimmt es mit deiner Realität überein, vielleicht aber auch nicht. Buddha soll gesagt haben: „Meine Lehren könnten Lehren für dich sein, vielleicht aber auch nicht. Alles hat das Potenzial, zu dem zu werden, was du daraus machen möchtest." Das ist das Prinzip der Leerheit. Aus sich heraus ist alles leer. Aufgrund deiner Anschauung, deiner Aufmerksamkeit, deiner Betrachtungsweise, deiner Handlungen und Gedanken über etwas werden die Dinge zu dem, was du oder ich als real bezeichnen. Die Realität ist dieser Theorie nach das, was du aus ihr machst."

Miriam: „Es gibt ja Situationen im Leben, in denen wir Chancen erkennen oder eben auch nicht. Wie gebe ich den Dingen Potenzial, wenn ich eine Chance in etwas sehe?"

Karsten: „Genau. Im Grunde haben die Dinge von sich aus keinen Inhalt. Sie sind leer. Das Prinzip der Leerheit wird im Buddhismus Shunyata oder Shunya genannt. Alles ist leer, und die Dinge haben im Grunde noch keinen Namen. Sie sind unbenannt.

Denke an einen Stau. Ist der Stau ein Problem, wenn niemand ein Problem daraus macht? Nein, ist er nicht. Es ist einfach eine Schlange von Autos, die hintereinanderstehen oder sich langsam bewegen. Nichts Weltbewegendes. Einfach ein Stau. Es gibt aber Menschen, für die ist der Stau ein Problem, weil sie einen Termin haben oder müde sind und nach Hause wollen. Der Stau wird erst durch das Bewusstsein verschiedener Menschen zu dem, was sie daraus machen. Der Stau hat das Potenzial, alles sein zu können. Vielleicht steht jemand im Stau, der froh darüber ist, dass er oder sie in Ruhe das neue Hörbuch anhören kann. Oder jemand hat ein neues Autoradio und kann jetzt endlich mal richtig laut den Lieblingshit aus den 80-er Jahren hören. Dem Stau selbst ist es egal, was die Menschen aus ihm machen.

Wir, die bewussten Menschen, sind diejenigen, die aus den Dingen etwas machen oder auch nicht. Wir sind diejenigen, die den Dingen Potenzial geben, ihnen Energie geben, Kraft geben. Du kannst dich mit deinem Partner streiten, und du kannst den Streit so aufpushen und so aufbauen, dass da richtig Energie und richtig Fahrt reinkommt. Vielleicht war es eine Kleinigkeit, weswegen man sich geärgert hat. Aber jetzt wird die Sache richtig schön aufgebläht. Durch dein Zutun, deine Aussagen, deinen Druck, deinen Willen und deine Handlungen gibst du dieser Kleinigkeit Energie. Oder du lässt es bleiben und gibst gar keine Energie rein. Dann verpufft es halt einfach wieder. Was wäre, wenn Krieg wäre, aber niemand hingeht? Was willst du machen? Ein Krieg ohne Krieger? Wie soll das gehen?

Es ist eine Frage der Energie, die man einer Sache gibt und die Frage ist, wo lenkst du deine Energie hin? Schau mal, wenn man zum Beispiel wenig Geld hat, dann ist es ganz normal, in diese Sache Energie zu geben, nämlich ständig daran zu denken, dass man kein Geld hat. Ständig sieht man Dinge, die man sich nicht leisten kann. Man denkt: „Das hätte ich gerne, aber ich kann es mir nicht leisten." Wo ist in diesem Augenblick deine Aufmerksamkeit? Genau, bei dem Gedanken, dass du es dir eh nicht leisten kannst. In dem Augenblick ist deine dir zur Verfügung stehende Energie beim Mangel. Deswegen betonen wir in der Meditationsausbildung, wie wichtig Dankbarkeit ist. In dem Augenblick, wo Du darauf schaust, was du bereits hast, bist du weg vom Mangel. In diesem Augenblick gibst du den Dingen Energie, die du hast. Und dadurch achtest du ja immer mehr auf das, was du hast, und weniger auf das, was dir fehlt.

Auf diese Weise bekommst du immer mehr ein Bild von dir selbst als jemand, dem bereits einiges oder vielleicht sogar vieles zur Verfügung steht und der dafür dankbar ist. Das wiederum zieht ganz andere Dinge in dein Leben als der Gedanke darüber, was dir alles fehlt.

Es ist eine Frage der Anschauung. Und mit etwas Übung kann jeder Mensch seinen Blick verändern und selbst darüber bestimmen, welche Energie er den Dingen geben möchte. Wie gesagt, sie warten nur auf dein Bewusstsein, um etwas zu werden, was sie zuvor noch nicht waren. Mach etwas aus deinem Leben!

Kommen wir noch einmal kurz zu dem Beispiel mit dem Stau. Der Stau ist nun mal da, die Frage war ja, wie gehe ich mit dem Stau um? Was mache ich aus dem Stau? Ein Problem oder eine Möglichkeit? Lässt du dich von den äußeren Umständen kontrollieren? Kontrolliert der Stau deine Gefühlswelt oder bestimmst du anhand deines Gefühls selbst, was du erleben möchtest?

Es wäre ja ziemlich unangenehm, wenn die äußeren Umstände immer über unsere Gefühlswelt bestimmen würden, oder? Wo ist da das Verantwortungsbewusstsein für unser eigenes Leben? Es kann doch nicht wirklich richtig sein, dass wir von den äußeren Umständen so krass beeinflusst werden und nicht einmal in Erwägung ziehen, dass wir für unsere Innenwelt selbst verantwortlich sind.

Wenn ich die Verantwortung für mein Gefühlsleben abgebe, bleibe ich womöglich in einer ständigen Abhängigkeit zu dem, was das Äußere mit mir macht. Im Grunde könnte der kleinste Zwerg zu dir kommen, dir ein paar dumme Geschichten erzählen, die du anfängst als real einzustufen, und schon und löst das Gefühle in dir aus, von denen du zuvor völlig unbeeinflusst lebtest. Genauso wie ein Stau dich so ungeduldig werden lassen kann, dass du anfängst, wütend auf den Stau und die Menschen zu werden, die ihn deiner Meinung nach verursacht haben. Das ist nicht das, was wir Menschen wollen. Und das wissen wir, weil wir nicht unglücklich sein wollen. Doch anstatt anderen die Schuld für unsere Gefühle zu geben, übernehmen wir Eigenverantwortung und richten unsere Aufmerksamkeit auf uns selbst.

In der Meditation lernen wir, uns selbst wahrzunehmen. Wir beobachten, was gewisse Dinge mit uns machen. Wir erkennen, wie wir selbst in Beziehung zu etwas reagieren und lernen daraus, ob diese Reaktion gut oder schlecht für uns ist. Mit der Zeit entwickeln wir ein immer größeres Bewusstsein für unsere bisher unbewussten Reaktionen. Wir werden durch die Meditation klarer und bewusster."

Miriam: „Die nächste Frage passt auch ganz gut dazu, Karsten. Wie kann ich Vertrauen in meinen Weg finden und eine Realität erschaffen, die meiner Denkweise entspricht? Denn Du sagtest ja eben, unabhängig von den äußeren Umständen erschaffe ich etwas, das mich selbst erfüllt. Wie schaffe ich es, so viel Vertrauen in mich zu haben, dass ich das dann einfach durchziehe?"

Karsten: „Wenn wir darüber sprechen, dass du Vertrauen in dich und deinen Weg entwickeln möchtest, dann hast du bestimmte Hindernisse und bestimmte innere Kämpfe bereits überwunden, denn du bist ja zu dem Entschluss gekommen, dass du jetzt mehr Vertrauen in dich haben möchtest. Meistens ist da ja schon eine Vorgeschichte. Du hast bereits viele Dinge erlebt, viele kleine Kämpfe geführt, in denen du dich entscheiden musstest oder du wurdest aufgefordert deinen Standpunkt klarzumachen oder du musstest deine Position definieren. Vielleicht hast du auch schon einen Mangel erlebt und dir dann gesagt: „Ich muss mich durchsetzen. Ich muss auf mich achten und mir mehr vertrauen."

Das bedeutet, dass du dir vorher diese Frage gestellt hast und dann zu dem Entschluss gekommen bist, es künftig anders oder besser machen zu wollen, stimmt´s?

In unserem Beispiel wollen wir uns künftig mehr vertrauen. Wir dürfen jedoch nicht vergessen, dass ein „Sich-in-Frage stellen" vielleicht schon der Kern des ganzen Problems ist. Wem gegenüber solltest du dich denn in Frage stellen? Du bist ja nicht in zwei Teile geteilt!

Man stellt sich entweder sich selbst gegenüber in Frage oder einer anderen Person oder Sache gegenüber. Beobachte solche Gedankengänge einmal: „Hmmm, wenn ich es so mache, wird das passieren. Wenn ich es aber anders mache, dann könnte es sein, dass ich etwas besser dastehe. Ich weiß nicht, was besser ist. Was soll ich bloß machen." So, oder so ähnlich laufen ja unsere Gedanken ab. Aber das ist nichts weiter als Nachdenken. In diesem Fall sind es zweifelhafte Gedanken. Die kennen wir alle. Und im Großen und Ganzen spielt es gar keine Rolle, wie du darüber nachdenkst. Die Frage ist: „Wie wirst du handeln?"

Traust du dich, eine Entscheidung zu treffen und einem deiner Gedankengänge zu folgen? Kannst du deinen Gedanken Ausdruck verleihen? Folgst du deinen inneren Wünschen und Bedürfnissen, die sich durch dein Denken mitteilen?

Sobald du deinen eigenen Gedanken zuhörst und du bewusste Entscheidungen triffst, dann entwickelt sich dein Denken nicht nur weiter, du erlangst deinen Gedanken gegenüber auch Selbstvertrauen. Dieses selbstgewonnene Selbstvertrauen ist dann nicht mehr davon abhängig, dass jemand sagt: „Das hast du gut gemacht." Es spielt überhaupt keine Rolle, was jemand zu deinen Überlegungen sagt.

Wichtig ist, dass du anfängst, dir und deinen Gedanken, die ja Wünsche und Bedürfnisse sind, die sich dir durch Denken mitteilen, zu folgen oder du ihnen durch Handlungen Ausdruck zu verleihen.

Vielleicht in einem selbsterstellten Podcast, durch Kunst, durch Schreiben oder Singen.

Lass uns in diesem Zusammenhang noch einmal kurz zu der Frage zurückkehren: „Was ist Realität?" Realität ist in Bezug zu dem eben Gesagten die Bewertung, die andere über dich getroffen haben. Das fing einfach in der Schule an. Indem man dir eine Note darüber gegeben hat, ob du in ein bestimmtes System passt oder nicht.

Dafür hast du eine Note bekommen. Aber wer hat denn dieses System erfunden? Wer meinte denn, von sich aus sagen zu können, dass dieses System für alle Menschen gut ist? So langsam verstehen wir ja, dass unser Schulsystem überdacht werden muss. Es passen nicht alle Kinder in das gleiche System. Unsere Kinder sind sehr individuell. Jedes Kind hat andere Stärken und Fähigkeiten. Diese können nicht irgendwie eingeordnet oder einem bestimmten System zugeordnet werden. Dafür haben wir immer noch viel zu wenig Schulsysteme und vor allem viel zu wenig bewusste Menschen, die Kinder richtig einschätzen und einem System zuordnen könnten. Eigentlich sollte dich niemand zu irgendetwas zuordnen. Bewertungen sind völlig fehl am Platz. Niemand möchte bewertet werden. Es sei denn, diejenige oder derjenige braucht eine Bewertung, um ein Selbstwertgefühl entwickeln zu können. Aber dieses Selbstwertgefühl wurde durch andere produziert und nicht selbst entwickelt. Eigentlich müsste es Fremdwertgefühl heißen.

Die Gefahr dabei ist, dass die Bewertung einer äußeren Person sich auch ändern könnte und dann fühle ich mich wieder schlecht. Ich werde von den Launen und Meinungen einer äußeren Person abhängig. Tatsächlich könnte die andere Person mit meinen Gefühlen spielen und das wäre überhaupt nicht schön. Niemand möchte so etwas."

Miriam sagt: „Also folgen wir am besten unserer eigenen inneren Stimme."

Karsten: „Natürlich! Sie ist ja da, die eigene innere Stimme. In Form von Gedanken und Überlegungen. Das Navi sagt dir: „Fahren Sie an der nächsten Kreuzung rechts." Aber du hast das Gefühl und in irgendeiner Art eine Form von Gedanken, die dir sagen: „Da vorne links, da war ich schon mal. Wer wohnt da nochmal?" Und dann fährst du links statt rechts und triffst eine frühere Klassenkameradin. Ihr unterhaltet euch und es stellt sich heraus, dass sie ein kleines Unternehmen hat und eine Mitarbeiterin sucht. Ein paar Tage später hast du eine neue Arbeitsstelle. Selbstvertrauen kann nur in dir selbst entstehen. Es geht weder um richtige Entscheidungen oder eine falsche Entscheidung. Wir können eh nie etwas falsch machen, denn wer soll denn behaupten können, was für dich persönlich richtig sei? Doch nur du selbst, indem du etwas ausprobierst, daraus lernst und wieder etwas probierst."

Miriam: „Dankeschön! Dann wäre ich doch auch erfolgreich, wenn ich mir selbst vertraue, oder?"

Karsten: „Alles ist Erfolg, alles was du machst, ist Erfolg! Es geht nicht nur um Geld. Du kannst auch erfolgreich Freundschaften pflegen oder du gehst einkaufen, weil du etwas gesucht hast. Und prompt hast du es gefunden. Das ist auch Erfolg. Oder du hast wieder diesen Zweifel in Dir: „Stehe ich heute auf und sortiere meine Unterlagen oder bleib ich doch lieber liegen?" Und dann triffst du einen Entschluss und sagst: „Ich bleib jetzt einfach noch zehn Minuten liegen."

Prima! Du warst in der Entscheidungsfindung erfolgreich. Klasse!

Richte einmal deinen Blick nach draußen auf die Pflanzen und Bäume. Sie sind jedes Jahr erfolgreich. Jedes Jahr schaffen sie es, grün zu werden, Blüten zu bekommen, sie abzuwerfen und sich zu vermehren. Jedes Jahr aufs Neue. Sie sind wahnsinnig erfolgreich in dem, was für sie ganz natürlich ist, nämlich zu wachsen und sich zu vermehren.

Stell dir vor, die Bäume hätten Zweifel, so wie ich und du sie haben: „Soll ich heute meiner Lust zum Wachsen folgen oder nicht?" (Karsten lacht).

Da wäre ja dann noch der Erfolg, der aus dem Konzept des Business heraus entstanden ist. „Wenn Sie die Umsatzzahlen vom letzten Jahr steigern, dann erhalten sie 5 % mehr Prämie, Herr Spaderna!" Ab wann bin ich jetzt erfolgreich? Wer definiert gerade Erfolg?
Weißt du, was ich meine? Wir sind so sehr in Begriffen gefangen, in Worten, in Mustern, in Konzepten und so weiter. Und ich sage nicht, dass die falsch sind, um ein Wirtschaftswachstum zu erreichen, aber wir können damit etwas weniger selbstbezogen umgehen.

Ist doch egal, ob du nach außen hin erfolgreich bist oder nicht! Das spielt überhaupt keine Rolle! Aber wenn du am Ende zu dir stehst und du dich gut fühlst und im Einklang mit dir und deiner Seele bist, dann bist du auf jeden Fall erfolgreich."

Nachwort von Karsten Spaderna:

Wenn Du dieses Buch bis hierhin gelesen und nicht allzuviel übersprungen hast, dann hast Du Dir bereits selbst bewiesen, dass sich Deine Konzentration und Dein Wissenshunger in Bezug auf Meditation erfreulicherweise sehr positiv entwickelt. Belohne Dich selbst! Schließe Deine Augen, nimm einen tiefen Atemzug und sei einen Augenblick dankbar für die Existenz Deines großartigen Bewusstseins!

Diejenigen unter Euch, die vor dem Lesen dieses Buches über wenig bis gar keine Meditationserfahrung verfügt haben, denen könnte der Kopf ein wenig durcheinandergeraten sein. Das könnte ein Gefühl der Leere oder vielleicht sogar ein Gefühl der Benommenheit hervorrufen. Keine Sorge, solche Gefühle sind oft die Schwelle zu einem höheren Verständnis oder einem erweiterten Bewusstsein. Dein unvoreingenommener Geist und Deine Willenskraft sind wahrhaft außergewöhnlich.

Nimm Dir eine Pause und lass alles mal in Ruhe sacken.

Die Meditationsexperten unter Euch, also diejenigen, die bereits über eine beträchtliche Erfahrung außerhalb der Welt des Verstandes verfügen, für Euch hält „Einfach meditieren" die Gewissheit bereit, dass Ihr weder sonderbar seid noch Angst davor haben müsst, etwas zu wissen, wonach andere noch suchen.

Helft Euren Mitmenschen, das Mystische in das Weltliche und das Unbegreifliche in das Wohlverstandene zu transformieren.

Ich möchte Euch daran erinnern, dass Ihr alles Wissen einfach wieder loslassen könnt. Ihr könnt jeden Tag von Neuem beginnen.

Jeden Tag ein neuer Mensch sein und jeden Tag etwas Neues lernen. Bleibt neugierig. Das nächste Buch folgt bestimmt.

Alles Liebe,
Euer Karsten

Danksagung:

Dieses Buch ist entstanden, indem wir uns gefragt haben: Welche Fragen tauchen eigentlich auf, wenn man anfangen möchte zu meditieren? Dabei haben wir ziemlich schnell festgestellt, dass wir die Fragen am besten einer Gruppe von Menschen stellen, die entweder schon länger meditieren oder gerade damit angefangen haben. So kamen die "Buchtalks" zustande, in denen wir uns sonntags auf Zoom zusammengefunden haben und Karsten alles mögliche zum Thema Meditation gefragt haben.

Ein besonderes Dankeschön an alle, die dabei waren:

Annette
Volker
Luca
Luzia
Marion
Sonja
Inka
Uli
Claudia
Andrea
Ilona
Antje
Isabella
Phillip
Jenny

Danke, dass Ihr uns Eure Zeit geschenkt habt! Danke für Eure Fragen und Euer Mitwirken an diesem Buch!

Mehr zu Karsten Spaderna findest Du hier:

Die fundierte Meditationsausbildung dauert eineinhalb Jahre und wird mit einem Zertifikat abgeschlossen. Sie kann im Präsenzkurs in Dormagen, im Hybridunterricht oder online über Zoom absolviert werden. Alle Informationen zur Meditationsausbildung findest Du hier: www.meditationsausbildung.eu

In der Meditationsschule von Karsten Spaderna kannst Du Meditation online im Livestream über Zoom oder in Präsenzkursen in Dormagen (NRW) praktizieren. Ob Du Meditation neu erlernen, Deine Kenntnisse ausbauen oder Deine Fähigkeiten erweitern möchtest: Die Meditationsangebote sind für Frauen und Männer aller Altersklassen geeignet. Du kannst die verschiedenen Meditationsangebote als Teilnehmer/in, als Unternehmen oder als Gruppe besuchen. Weitere Informationen unter: www.meditationsschule.eu

Podcast: Den Meditationspodcast "Wir gehen uns auf den Geist" findest Du bei Apple Podcast, Spotify und überall dort, wo Du Deinen Podcast hörst.

Instagram: Du findest Karsten Spaderna unter @meditationsausbildung

Mehr zu Miriam Kleyer findest Du hier:

Miriam Kleyer verbindet ganz bodenständige, pragmatische Methoden aus dem Coaching mit moderner Spiritualität. Sie unterstützt Dich darin, Klarheit über Deinen Weg, Deine Ziele und Dein einzigartiges Talent zu bekommen. So findest Du die Kraft, mit der Du aus einer starken Haltung heraus Dein Leben in die Hand nehmen kannst. In Dir liegt ein wunderschöner, wahrer Kern, der authentisch gelebt werden will. Durch Meditation hat Miriam selbst ihren Weg gefunden. Mit dem Verstand können wir unser Leben planen, doch Fühlen, Visualisieren und Manifestieren laufen auf einer anderen Ebene ab, die ebenso wichtig ist für unsere Entwicklung. Denn Dein Leben entstammt Deiner Vorstellungskraft. Wie soll es denn sein, wenn es richtig schön wäre? In allen Lebensbereichen erfüllend? Die Antwort darauf liegt bereits in Dir!

Alle Informationen findest Du unter www.miriamkleyer.de

Podcast:
Den "Modern Spirit Podcast" findest Du bei Apple Podcast, Spotify und überall dort, wo Du Deinen Podcast hörst.

Instagram: Du findest Miriam Kleyer unter @miriam_kleyer